JN149261

神戸学院大学現代社会研究叢書 3

カンボジアの学校運営における住民参加

江田英里香［著］

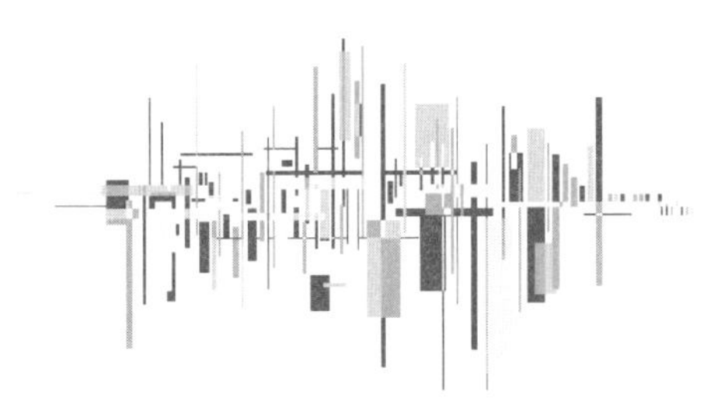

CONTEMPORARY SOCIAL STUDIES

ミネルヴァ書房

はじめに

分権化は，1980年代に広がった新自由主義（neo-liberalism）を背景に，イギリスやアメリカなどの欧米諸国から始まり，発展途上国の国々も含めて「経済的に破たんした国，していない国，（成熟した民主主義国と新興民主主義国を含む）民主制，独裁制，民主制へ移行しつつある国および民主制への移行を避けようとしている国，さまざまな植民地支配の歴史を持つ国および持たない国を含む，多様な途上国や移行国において検討され，試みられている」（Manor 1999：p. 1）。

教育においても，それまで中央政府が担ってきた教育予算の管理，カリキュラム，教授法，教員の雇用など学校における経営の責任を，地方政府やその他の下部組織に委譲する分権化が導入された。

教育の分権化においては，集権的な教育システムから各学校のニーズを反映するために権限を各学校に委譲し，学校や保護者，地域住民が学校運営の一端を担う自律的学校経営（School Based Management, 以下 SBM）が導入されてきた。また，1990年以降は，開発途上国においても，教育の課題を解決する手段として，SBM が導入され，拡大してきた。

SBM は，就学率を高めたり，留年率や退学率など内部効率性を高めることに貢献したり，地域の資源の有効活用と経費の削減などに寄与するとされるが，教育の質の向上や，教育改善に寄与するといった明確な根拠がないという指摘がなされてきた。また，学校委員会に関して，権限をめぐる争いや政治的対立，委員の役割の定義の欠如，親の代表を確保する難しさ，委員に対する訓練の不足などが挙げられている（Leithwood & Menzies 1998）。グアテマラでは，コミュニティ運営学校のプログラムがコミュニティの積極的な介入により教師の専門性や活動の自由，生活の安定などに対して教師の不満が募り，制度の廃止につながったという事例もある（田村 2012）。

これらのことから，2000年前後に開発途上国を含め多くの国々で導入されたSBMは，期待された効果を生み出す一方で，実施においてはさまざまな障害があったり，弊害をも生み出したことで，中南米を中心として批判的な見方が強まってきている。

本書では，SBMの障害や弊害を踏まえた上で，SBMが内部効率性を高めることに貢献できるという点に着目し，「万人のための教育（Education For All, 以下EFA)」の達成のためには，国や地域に適したSBMの実施を可能にすることで，本来の教育目標を達成することができるとする立場をとる。そこで，2000年度前後から，EFAを目指して，教育の地方分権化を導入してきた国の一つであるカンボジア王国を取り上げる。

カンボジアは，2000年前後から着手した教育改革においてその教育戦略プランの最重点課題として教育の分権化を挙げ，量的拡大とともに内部効率性の向上，教育の質の向上を目指してきた。1998年にはSBM（自律的学校経営）の導入として，クラスター制度，優先行動計画（Priority Action Program〔PAP〕, 2006年よりProject Based Budget〔PB〕に移行している），学校登録料・学費の廃止，学校支援委員会の導入を行うなど，各学校に権限を委譲することでボトムアップが図れる仕掛け作りを行ってきた。特に学校支援委員会においては，子どもたちをはじめ，保護者や地域住民のニーズや情報および活用できる資源を的確に把握すると同時に，学校運営における政策決定やその実施をモニタリングすることで学校運営の向上をねらったものである。しかしながら，学校支援委員会の役割が不明瞭であったり（Kambayashi 2008），学校支援委員会の会議において保護者による意思決定への参加が実現しない（正楽 2008b）など，学校支援委員会が本来の目的を果たす機能が働いていないことが指摘されている。

では，カンボジアで2000年度以降に導入された学校支援委員会はそもそもどの程度学校運営に関与しているのだろうか。その関与が学校間で異なるのであれば，その差異を生み出す要因は何であろうか。また，カンボジアにおいて学校支援委員会は初等教育にどのような効果をもたらしているのだろうか。本書では，これらの問題に関して先行研究や統計などの各種資料から考察をすすめるとともに，現地調査の結果からより詳細に分析していくこととする。本研究が，カンボジアのSBMを発展させるうえで意義あるものとなれば幸いである。

2018年10月

著　者　江田英里香

カンボジアの学校運営における住民参加

目　次

はじめに
図表一覧／略語一覧

序　論……1
1　本書の目的と方法……1
2　本書の特徴と意義……2

第1章　教育の地方分権化……5
1　教育開発における世界的潮流……5
（1）　教育開発をめぐるアプローチ……5
（2）　万人のための教育から持続可能な開発へ……9
2　教育の分権化をめぐる議論……19
（1）　分権化の概念……19
（2）　分権化の動機とリスク……23
（3）　教育の地方分権化……23
（4）　教育の地方分権化の事例……24
3　自律的学校経営（SBM）をめぐる議論……29
（1）　SBMの概念……29
（2）　SBMの内容……31
（3）　SBMに対する期待と障害や弊害についての議論……34
（4）　事例からみるSBMの効果と課題……36
（5）　SBMの成功の要因……38

第2章　カンボジアの教育と分権化……41
1　カンボジアの教育の変遷……41
（1）　伝統教育：フランス植民地以前……41
（2）　近代教育制度の導入：フランス植民地時代……42
（3）　近代教育制度の確立：カンボジア独立……44

（4）近代教育制度の崩壊：内戦とポル・ポト政権……45
（5）近代教育制度の復興と拡大……47
2　カンボジアの教育行政……51
（1）カンボジアの教育システム……51
（2）カンボジアの教育政策……64
（3）カンボジアの教育行財政……68
（4）カンボジアの教育における SBM……71
3　カンボジアの教育における住民参加……80
（1）カンボジアにおけるコミュニティの定義……80
（2）参加の概念と地域コミュニティの学校参加……83
（3）カンボジアにおける地域コミュニティの学校参加……87
4　地域住民の参加が学校や児童にもたらす影響……91

第3章　学校運営における住民参加の調査……95
1　調査の問いと方法……95
（1）リサーチクエスチョン……95
（2）調査の目的……96
（3）調査の方法……96
（4）調査の分析……99
2　調査内容……101
（1）実施地域……101
（2）実施時期と実施対象者……107
（3）調査対象学校と調査対象者および対象グループ詳細……109

第4章　学校支援委員会による学校ガバナンス……119
1　学校支援委員会による学校運営における参加……119
（1）意思決定を含む権限……119
（2）情　報……125

（3） 知識と技術……129
（4） 報　酬……131
（5） 学校支援委員会の関与は退学率，留年率にどのように影響するのか……133
2 学校支援委員会からみる住民参加と意思決定……137
（1） 学校支援委員会の構成……137
（2） 寄付金集め……146
（3） 地域住民との連携……152
（4） 学校支援委員会は学校といかに関わっているのか……156
3 学校支援委員会に対する役割と期待……159
（1） 行　政……159
（2） 学校校長……163
（3） 地域住民の学校支援委員会委員……166
（4） 学校支援委員会に対する期待とは何か……167
4 学校間の比較……168
（1） 大規模校……168
（2） 中規模校……173
（3） 小規模校……177
（4） 学校規模の比較で明示されたことは何か……181

第5章 地域住民の学校参加の阻害要因と促進要因……185
1 低関与の学校支援委員会からみるSBMの阻害要因……185
（1） 学校支援委員会の過小評価と学校支援委員会に対する期待値の低さ……185
（2） 校長の能力の不足……186
（3） 学校コミュニティにおける校長の権限の集中……187
（4） 学校支援委員会におけるモチベーションの低さ……188
2 高関与の学校支援委員会からみるSBMの促進要因……190
（1） 補完的組織の存在……190
（2） 校長のリーダーシップ……192

（3）学校支援委員会における多様な住民の参加……193
（4）学校支援委員会および関係者の能力開発……194
（5）相互作用型モデル……195
3　カンボジアにおけるSBMの効果……196

結　論　カンボジアの学校運営における住民参加……199
1　社会的・文化的要因の住民参加への影響……199
2　カンボジアのSBMの効果と課題……202

資　料……205
文献目録……206
おわりに……221
索　引……224

図表一覧

図１　1990年から2015年までの地域別初等教育純就学率……16
図２　Rondinelliの分権化の形式……20
図３　Brayの分権化の形式……21
図４　Evansの分権化の形式……22
図５　カンボジアの教育システム……52
図６　就学前教育を受けた新１年生の割合の推移……53
図７　５歳児の就学前教育の就学率の推移……54
図８　2000年度以降の純就学率の推移……56
図９　初等教育の学年ごとの留年率の推移……57
図10　2007年度以降の初等教育における留年率の推移……57
図11　2006年度以降の初等教育における退学率の推移……58
図12　初等教育の学年ごとの退学率の推移……58
図13　2009年以降の前期中等教育の修了率……61
図14　カンボジアの教育ユース・スポーツ省組織図……69
図15　カンボジアの行政構造と教育行政……71
図16　クラスター制度……72
図17　初等教育における支出の内訳……74
図18　PB申請と受給の流れ……74
図19　カンボジアのコミュニティの概念図……83
図20　地域住民の参加が児童にもたらす影響……92
図21　学校支援委員会と行政・地域コミュニティの関わり……96
図22　カンボジア地図……102
図23　カンダール州地図……105
図24　Ａ校，Ｋ校，Ｐ校における学校支援委員会の役割の概念図……172
図25　Ｂ校，Ｃ校，Ｄ校における学校支援委員会の役割の概念図……176
図26　Ｒ校とＳ校における学校支援委員会の役割の概念図……180
図27　８校の関与の程度別の学校支援委員会の役割の概念図……182
図28　相互作用型学校支援委員会のモデル……196

表１　開発と教育をめぐる主なアプローチの特徴と変化……7
表２　初等教育の地域別の粗就学率（1990年と2000年の比較）……10

表３　初等教育の地域別の純就学率（1990年と2000年の比較）……………………… *11*
表４　EFA 目標の比較………………………………………………………………………… *12*
表５　ミレニアム開発目標の教育に関する目標……………………………………………… *13*
表６　ダカール行動枠組みによる目標とミレニアム開発目標の比較……………………… *14*
表７　EFA&MDGs の目標に対するポスト2015に向けた提言…………………………… *17*
表８　教育に関する持続可能な開発目標（SDGs）………………………………………… *18*
表９　SBM における学校の権限……………………………………………………………… *31*
表10　SBM のレベル…………………………………………………………………………… *33*
表11　1930年における学校数と生徒数……………………………………………………… *44*
表12　カンボジアにおける万人のための教育目標………………………………………… *48*
表13　教育分野別の援助機関と支援の内容………………………………………………… *49*
表14　小学校のカリキュラム………………………………………………………………… *59*
表15　中等教育における純就学率と粗就学率……………………………………………… *61*
表16　前期中等学校７－９年生および後期中等学校10年生のカリキュラム…………… *62*
表17　後期中等学校 11－12年生のカリキュラム…………………………………………… *63*
表18　援助機関と援助額（2001年）………………………………………………………… *65*
表19　カンボジアの教育をめぐる動向と政策の変遷……………………………………… *67*
表20　各 ESP の目標の比較…………………………………………………………………… *68*
表21　カンボジアの教育予算とそれに占める PAP および PB 予算……………………… *75*
表22　学校支援委員会の構成員とその役割………………………………………………… *77*
表23　学校支援委員会の役割………………………………………………………………… *79*
表24　市民参加の段階………………………………………………………………………… *84*
表25　住民の教育への参加と動員の段階…………………………………………………… *84*
表26　2004年から2012年までの州別の貧困率予測………………………………………… *103*
表27　人口・成人識字率・失業率・労働産業分野の比較（プノンペン特別市・シェムリアプ州・カンダール州）………………………………………………………… *104*
表28　人口・成人識字率・失業率・労働産業分野の比較（カンダール州３郡）……… *106*
表29　行政調査対象者の人数内訳…………………………………………………………… *108*
表30　行政調査対象者の性別………………………………………………………………… *108*
表31　学校支援委員会調査対象者の人数内訳……………………………………………… *108*
表32　学校支援委員会調査対象者の詳細…………………………………………………… *110*
表33　Ａ校の就学者数と退学率，留年率（2003－2010年度）………………………… *111*
表34　Ｂ校の就学者数と退学率，留年率（2003－2010年度）………………………… *112*
表35　Ｃ校の就学者数と退学率，留年率（2003－2010年度）………………………… *113*

表36　D校の就学者数と退学率，留年率（2003－2010年度）……114
表37　K校の就学者数と退学率，留年率（2003－2010年度）……114
表38　P校の就学者数と退学率，留年率（2003－2010年度）……115
表39　R校の就学者数と退学率，留年率（2003－2010年度）……116
表40　S校の就学者数と退学率，留年率（2003－2010年度）……117
表41　8校の学校支援委員会の関与の度合い……134
表42　8校の退学率と留年率の平均値と順位（2003－2010年度）……134
表43　A校の学校支援委員会委員と属性……138
表44　B校の学校支援委員会委員と属性……139
表45　C校の学校支援委員会委員と属性……140
表46　D校の学校支援委員会委員と属性……140
表47　K校の学校支援委員会委員と属性……141
表48　P校の学校支援委員会委員と属性……142
表49　R校の学校支援委員会委員と属性……143
表50　S校の学校支援委員会委員と属性……144
表51　8校の学校支援委員会の内訳の比較一覧……145
表52　8校の寄付金集めの詳細比較……151
表53　8校の地域コミュニティとの連携についての比較……155
表54　8校の構成員・地域住民との連携・寄付金集めの詳細比較……156
表55　A校，K校，P校の学校および学校支援委員会の詳細……171
表56　B校，C校，D校の学校および学校支援委員会の詳細……174
表57　R村とS村の世帯数，家屋形態，水田数……177
表58　R校とS校の学校および学校支援委員会の詳細……179

略語一覧

EFA	Education For All	万人のための教育
ESP	Education Strategy Plan	教育戦略計画
ESSP	Education Sector Support Program	教育セクター支援プログラム
FTI	First Track Initiative	ファスト・トラック・イニシアティブ
NGO	Non Governmental Organization	非営利組織
MDGs	Millennium Development Goals	ミレニアム開発目標
MoEYS	Ministry of Education, Youth and Sport	教育ユース・スポーツ省
PAP	Priority Action Plan	優先行動計画
PB	Project Based Budget	プロジェクト・バジェット
RGC	Royal Government of Cambodia	カンボジア政府
SBM	School Based Management	自律的学校経営
SDGs	Sustainable Development Goals	持続可能な開発目標
SSC	School Support Committee	学校支援委員会

序　論

1　本書の目的と方法

本書の目的はカンボジアの小学校における学校支援委員会の学校運営による関与の度合いと，その関与の度合いの差異を生み出す要因を分析し，学校支援委員会が初等教育においてどのような効果をもたらしているのかを明らかにすることである。これらを明らかにするためにリサーチクエスチョンを立てた。

1．学校支援委員会は，意思決定を含む学校運営にどの程度関与しているのか？　そして，その関与はどのような効果をもたらしているのか？
2．学校支援委員会は，どのように構成され，どのような活動を行っているのか？
3．学校支援委員会の学校運営への参加は，どのように解釈されているのか？

本書では，上記の3つの問いに答えるために次の2つの方法を用いた。第一に，先行研究や統計資料を用いてカンボジアの小学校における地域コミュニティの学校参加の文脈をとらえることである。第二に現地での調査結果を用いて，小学校の学校支援委員会の学校運営における関与の度合い，そして，学校間の差異が生じる要因をミクロな視点で分析していくというものである。

本書は，序論と全5章および結論の構成としている。序論では，研究の目的，方法と意義を提示することで，本書の導入としている。第1章「教育の地方分権化」では，教育開発の歴史的変遷をたどり，世界的潮流である教育の分権化と自律的学校経営（School Based Management, 以下 SBM）についての内容とその賛否についての議論を概観する。第2章「カンボジアの教育と分権化」では，カンボジアの教育の歴史的変遷と近年の教育の現状について明らかにする。主に，カンボジアにおけるコミュニティと学校との関わりにフォーカスしている。第3章「学校運営における住民参加の調査」では，本書で調査した8校の小学校の詳細や所在地の特徴について説明したのち，第4章「学校支援委員会による学校ガバナンス」では，本書の研究目的に対して設定した3つのリサーチクエスチョンを検証するために行った調査をもとに，8校の学校支援委員会について，比較分析の結果を提示し，学校支援委員会による学校運営における参加，学校支援委員会から見る住民参加と意思決定，学校支援委員会に対する役割と期待，学校間の比較という4つの側面から分析をした。第5章「地域住民の学校参加の阻害要因と促進要因」では，8校の比較で得られた結果をもとに，低関与の学校支援委員会からみる阻害要因とそれをのりこえて，高関与の学校支援委員会へと引き上げるための促進要因をまとめた。そして最後に結論「カンボジアの学校運営における住民参加」においては，それまでの分析に加えて，カンボジアの文化・社会的文脈を加えた考察を提示した。

2　本書の特徴と意義

本書の特徴は，1970年代に西欧諸国から始まった教育の地方分権化が，2000年前後に開発途上国の多くの国々での拡大を経て，批判的な見方が強まっている状況の中で，SBM を肯定的に取り上げ，その効果の立証から SBM の必要性を示している点にある。

開発途上国に広がった地方分権化と共に教育の地方分権化が謳われ，地域住民や保護者・児童のニーズを反映した学校運営が求められてきた。地域住民や保護者がメンバーとなり学校の運営を担う方法として SBM が導入された国は多く存在する。また，先進諸国においては，アメリカのチャータースクール，イギリスの学校運営協議会，日本の学校運営協議会，ニュージーランドの学校理事会のようにコミュニティに基盤を置く学校づくりが世界各地で進められてきた。このようにコミュニティの学校参加や，保護者や地域住民の学校運営への参加が教育開発のメインストリームとなっていった。

しかし，SBM は，内部効率性を高めたり，地域の資源の有効活用と経費の削減に寄与するとされる一方で，コミュニティに権限を委譲することで起こる弊害として，政治的対立や教員からの不満，学校委員会の運営における委員の訓練不足や親の代表の確保の難しさなどが挙げられる。例えば，グアテマラの PRONADE（Proyecto Hondureiio de Educasion Comunitaria）は，保護者に強い権限が与えられ，専門家としての教員の意向や発言が軽んじられ，教員の離反につながり廃止となっている。また，市民社会といった西洋的なコミュニティの概念がない地域や行政のトップダウンで政策が行われている地域では，SBM 自体がなじまないという指摘もある。

本書の持つ意義は，第一にこれらの SBM に対する批判や SBM による障害や弊害を踏まえたうえで，SBM が内部効率性を高める点に着目し，8 校の学校支援委員会や教育行政へのインタビュー調査から，EFA（万人のための教育）の達成のためには SBM が不可欠であるという結論を導き出し，SBM の効果についても明らかにした点にある。現在の SBM の批判的な意見に対して一石を投じるものであろう。

第二に，本書がカンボジア王国を取り上げていることである。カンボジアは 1992年にパリ和平条約が締結してからもなお国内は安定しておらず，NGO 関係者や研究者が安全に活動調査をすることができるようになったのは2000年以降である。また，教育システムが崩壊したという歴史からカンボジアの教育に関する研究は少なく，カンボジア国内の教育システムの向上においては，教育に対する研究の積み重ねが重要である。とりわけ，SBM についての研究もまだ少ないことから，本書が SBM を取り上げることにおいて，カンボジアの教育システムの改善に寄与すると考えられる。

第三に，本書が，地域住民の学校参加が浸透しないと言われているカンボジアにおいて，その促進要因を提示している点である。カンボジアは，同胞による大量虐殺の歴史から，人々の間にある信頼関係や助け合いが希薄で，地域住民に対する関与が少ないとされている。2000年以降に導入された SBM の中で，学校支援委員会が設置され，地域住民の学校参加が求められてきたが，導入から10年以上経過しても，地域住民の学校参加が寄付金集めに限定され，SBMが進んでいないと言われている。また，これまでの研究においては，さまざまな阻害要因は明らかになっているものの，促進要因が提示されている研究は極めて少ない。したがって，SBM が進んでいないと言われているカンボジアにおいて，地域住民の学校参加の促進要因を提示することは，今後のカンボジアの SBM を発展させるうえで意義があると考える。

第1章
教育の地方分権化

1　教育開発における世界的潮流

（1）　教育開発をめぐるアプローチ

これまでの基礎教育を重視した教育開発をめぐるアプローチには，大きく分けて開発アプローチと人権アプローチの2つの流れがある（黒田 2014）。

第二次世界大戦以降，多くの新しい国々が独立し，これらの新興諸国の多くが，それまでの植民地遺制のまま国家建設，国民経済の自立という課題を追求することとなった。開発アプローチは，これらの国家の開発において，国民国家の形成において，教育の果たす役割は大きく，経済発展や国家政策の戦略としてとられてきた。

1950年代から1960年代にかけては，経済成長が政策目標として掲げられ，経済成長において教育は将来の生産性を向上させるために必要な投資という「人的資本論」が主流となり，中等教育以上の教育と職業訓練などの労働力輩出のための教育が重視された。

1970年代になるとそれまでのトリクルダウン仮説の誤りから，貧富の格差を是正する対策として，貧困削減のためのベーシック・ヒューマン・ニーズ（BHN）の充足が重要視され，基礎的な教育の充実のための公教育サービスが重視された。また，農村教育，ノンフォーマル教育への着目，女性と開発の視点の導入がみられるのもこの時期である。

しかしながら，1980年代には発展途上国をはじめとする多くの国が債務危機に襲われ，構造調整政策により財政が緊縮され，教育の量の拡大は鈍化し，質も低下するという状況に陥った。また，新自由主義の広がりとともに効率性重視のアプローチがとられ，徐々に初等教育が重視されるようになった。

表1は，戦後から2000年以降までの開発と教育をめぐる主なアプローチの特徴と変化をまとめたものである。このように主に途上国における開発アプローチでは，教育状況の改善が社会経済開発を促進するととらえられた。また，これらの開発アプローチは，教育経済学によって導き出され，世界銀行やIMFなどの国際開発金融機関によって開発途上国の国々に導入された（江原 2001）。

一方で，教育を人権としてとらえるアプローチとして，1948年の「世界人権宣言（The Universal Declaration of Human Rights）」と1966年に国連で採択された「経済的，社会的及び文化的権利に関する国際規約（The International Covenant on Economic, Social and Cultural Rights）」，1990年に発効した「児童の権利に関する条約（Convention on the Rights of the Child）」を挙げることができる。

1948年の「世界人権宣言」では，以下のように，教育が人間の権利であることが謳われ，初等教育の義務化と無償化について言及された。

【世界人権宣言第26条】

1　すべて人は，教育を受ける権利を有する。教育は，少なくとも初等の及び基礎的の段階においては，無償でなければならない。初等教育は，義務的でなければならない。（略）

2　教育は，人格の完全な発展並びに人権及び基本的自由の尊重の強化を目的としなければならない。（略）

出典：外務省ホームページ（下線部は著者による）。

また，「経済的，社会的及び文化的権利に関する国際規約」では，その第13条で以下のように教育に対する権利を認め，初等教育のみならず，中等教育・高等教育においても無償化の導入を明言し，すべての人に対して均等に機会が与えられるべきであると明言している。

表1　開発と教育をめぐる主なアプローチの特徴と変化

	1945-1960	1960-1970	1970-1980	1980-1990	1990-2000	2000-2015	2015以降
教育開発目標					EFA	ダカール行動枠組み	教育2030行動枠組み
パラダイム	近代化論----------	従属理論・世界システム論---------- 内発的発展論---------- ジェンダーと開発（GAD）----------		人間開発----------	持続可能な開発----------		
目標	経済成長	経済成長	ベーシック・ヒューマン・ニーズ(BHN)充足	マクロ経済の立て直し	持続的開発，人間開発	持続可能な開発	持続可能な開発
理念	自由主義的国際開発	自由主義的国際開発	草の根の開発	新自由主義	新自由主義，ガバナンス，人間開発	新自由主義，市場原理主義	新自由主義
優勢なアプローチ	経済成長	教育投資	ベーシック・ヒューマン・ニーズ(BHN)充足 再配分	効率	効率 人間開発	人間開発	人間の安全保障
中心機関	アメリカ中心	アメリカ中心，他援助機関参入	多種援助機関の共存，NGO	国際金融機関	機関協調	機関協調	機関協調
教育の位置づけ・役割	福祉の一環，消費としての教育開発に伴う社会変化	離陸の前提，投資としての教育，人的資本の形成（技能を持つ人材で開発を加速）	ベーシック・ヒューマン・ニーズ(BHN)としての教育，成長の再配分	マクロ経済の下位構造，効率改善の対象（応用可能な知識による生産性向上）	権利としての教育，社会開発の鍵・目的としての人間開発	持続可能な開発のための教育	持続可能な開発のための教育，グローバル・シチズンシップ教育
重点分野	技術協力・中高等教育・職業教育	技術協力・中高等教育・職業教育	農村教育・ノンフォーマル教育	初等教育・高等教育	基礎教育・女子教育	基礎教育・ノンフォーマル教育・遠隔教育	基礎教育・ノンフォーマル教育・生涯学習

出典：江原（2001：p. 40）に著者加筆。

【経済的，社会的及び文化的権利に関する国際規約第13条】

1　この規約の締約国は，教育についてのすべての者の権利を認める。（略）

2　この規約の締約国は，1の権利の完全な実現を達成するため，次のことを認める。

（a）初等教育は，義務的なものとし，すべての者に対して無償のものとすること。

（b）種々の形態の中等教育（技術的及び職業的中等教育を含む。）は，すべての適当な方法により，特に，無償教育の漸進的な導入により，一般的に利用可能であり，かつ，すべての者に対して機会が与えられるものとすること。

（c）高等教育は，すべての適当な方法により，特に，無償教育の漸進的な導入により，能力に応じ，すべての者に対して均等に機会が与えられるものとすること。

（d）基礎教育は，初等教育を受けなかった者又はその全課程を修了しなかった者のため，できる限り奨励され又は強化されること。

（e）（略）

出典：外務省ホームページ（下線部は著者による）。

さらに，1989年の第44回国連総会において採択され，1990年に発行した「児童の権利に関する条約」においても，締約国は教育についての児童の権利を認めるものとし，そのための初等教育の義務化と無償化，中等・高等教育の機会の提供が明言されている。また，教育の普及において途上国のニーズを考慮し，そのために国際協力を促進すべきであると指摘している。

【児童の権利に関する条約第28条】

1　締約国は，教育についての児童の権利を認めるものとし，この権利を漸進的にかつ機会の平等を基礎として達成するため，特に，

（a）初等教育を義務的なものとし，すべての者に対して無償のものとする。

（b）種々の形態の中等教育（一般教育及び職業教育を含む。）の発展を奨励し，すべての児童に対し，これらの中等教育が利用可能であり，かつ，これらを利用する機会が与えられるものとし，例えば，無償教育の導入，必要な場合における財政的援助の提供のような適当な措置をとる。

（c）すべての適当な方法により，能力に応じ，すべての者に対して高等教育を利用する機会が与えられるものとする。

（中略）

3　締約国は，特に全世界における無知及び非識字の廃絶に寄与し並びに科学上及び技術上の知識並びに最新の教育方法の利用を容易にするため，教育に関する事項についての国際協力を促進し，及び奨励する。これに関しては，特に，開発途上国の必要を考慮する。

出典：外務省ホームページ（下線部は著者による）。

教育を人権とするこれらの人権アプローチは主に，ユニセフやユネスコなどの国際機関や NGO などの草の根の活動での教育の量的質的拡大を支えてきた。

このように国際社会は，基本的人権の確保や開発の手段として教育の重要性を説いてきたが，教育が多くの人に浸透するには順調とは言えず，また，量的質的にも多くの問題を抱えていた。

（2）　万人のための教育から持続可能な開発へ

①万人のための教育世界会議

こうした教育の状況を大きく変革したのが，1990年，タイのジョムティエンで開催された「万人のための教育世界会議（World Conference on Education For All)」である。同会議には，国家元首や閣僚レベルを含む150か国以上の政府代表，30以上の国際機関，100以上の NGO の代表者たちが一堂に会し，「教育は基本的人権の一つであること，そして，すべての人々が生きるために必要な知識・技能を学ぶ機会を得，直面するさまざまな問題に対処するために，基礎教育の質的量的拡充が必要であること」を改めて認識し，「2000年までにすべての人々に教育を」をスローガンに，「万人のための教育（Education For All, 以下 EFA)」開発目標を掲げた。

約40年の間，前者の開発アプローチと後者の人権アプローチにより，教育の重要性が広く認識されてきた。しかし，社会経済の発展を目的とする開発アプローチと教育が基本的人権であるとする人権アプローチは，それぞれのアプローチの目的が異なるため合致することはなかった。それゆえ，両アプローチで教育の重要性を訴えてきた世界銀行・ユネスコ・ユニセフ・国連計画開発が共同で開催した「万人のための教育世界会議」は，「世界の全ての人々に基礎的な教育機会を保証することは国際社会や国家にとって重要な責務である」というメッセージを全世界に発信するだけでなく，それまでの教育開発に対する開発アプローチと人権アプローチの目的を合致させた点，そして，基礎教育普及の重要性を再確認したという点で，大きな功績を残した。

1990年のEFA会議以降，国際社会では，成長戦略としての教育協力，特に初等教育分野の重要性が盛んに議論されるようになり，各国政府，国際協力機関による量的質的拡大が図られた。

②ダカール会議と国連ミレニアム・サミット

しかし，その10年後，セネガルのダカールで開催された「世界教育フォーラム」において，現状がEFAの目標には程遠いことが確認された。

表2と表3は，初等教育の地域別の粗就学率と純就学率の1990年と2000年との比較である。EFAでは，2000年までに初等教育（あるいは各国が「基礎」と考えるレベルまでの教育）へのアクセスと修了の普遍化が目標の一つであったが，

表2　初等教育の地域別の粗就学率（1990年と2000年の比較）

（単位：％）

地　域	1990年				2000年			
	合計	女	女の割合	男女比	合計	女	女の割合	男女比
全世界	99	105	93	0.89	101	104	97	0.93
開発途上国	99	106	92	0.87	101	105	96	0.92
先進国	103	103	102	0.99	102	102	102	1
体制移行国	95	95	94	0.99	100	100	99	0.99
サブサハラアフリカ	74	81	67	0.83	82	87	76	0.88
アラブ諸国	87	97	78	0.8	92	97	86	0.89
アジア・太平洋								
中央アジア	85	86	85	0.99	100	100	99	0.99
東アジア・太平洋	117	120	114	0.94	110	111	109	0.99
南西アジア	92	104	79	0.76	96	104	87	0.84
ラテンアメリカ・カリブ海	105	106	104	0.98	123	125	122	0.97
北アメリカ・西欧	103	104	103	0.99	102	103	102	1
中・東欧	98	98	97	0.98	100	101	98	0.97

出典：UNESCO（2003：p. 50）.

表3　初等教育の地域別の純就学率（1990年と2000年の比較）

（単位：%）

地　域	1990年				2000年			
	合計	女	女の割合	男女比	合計	女	女の割合	男女比
全世界	82	87	77	0.88	84	86	81	0.94
開発途上国	80	86	73	0.86	82	85	79	0.93
先進国	97	97	97	1.01	97	97	97	1.01
体制移行国	88	88	88	1	90	89	91	1.02
サブサハラアフリカ	55	59	51	0.86	58	61	56	0.92
アラブ諸国	76	84	68	0.82	81	85	77	0.9
アジア・太平洋								
中央アジア	81	82	81	0.99	91	91	90	0.99
東アジア・太平洋	96	98	94	0.96	93	93	93	1
南西アジア	73	87	58	0.67	81	87	74	0.85
ラテンアメリカ・カリブ海	87	87	86	0.99	97	97	96	0.99
北アメリカ・西欧	96	96	97	1.01	96	96	97	1.01
中・東欧	90	90	89	0.99	92	92	92	1

出典：UNESCO（2003：p. 5）.

全世界の純就学率は1990年の82%から2000年の84%と2%しか増加しておらず，地域によってその割合の増加が大きく異なる。

また粗就学率が高いにもかかわらず純就学率が低く（例えばサブサハラアフリカでは，2000年の粗就学率は82%であるが純就学率は58%にとどまっている），就学年齢の子どもが適切な就学学年で学べていないことが明確となっている。

このような状況を受け，世界教育フォーラムでは，EFA を再確認すると同時に，EFA 目標そのものが楽観的な見通しに基づいて策定されたという反省をもとに，改めて目標を設定し直す必要が迫られた。表4は，EFA 目標の比較であるが，いくつかの進展が顕著にみられる。例えば，目標2において EFA では「2000年までの初等教育の普遍化」とされていたものが，ダカールでは「2015年までに義務教育へのアクセスと修学の完了」とされ，目標4においては，EFA では「2000年までの非識字率の半減」とされていたものが，ダカールでは「2015年までに識字率の50%改善」とされるなど，EFA で2000年までとされた目標年数を2015年までに延期したこと。またダカールでは，目標

表4　EFA 目標の比較

目標	「万人のための世界会議」	「ダカール行動枠組み」による EFA へ向けた目標
1	家族や地域社会の支援を含め，早期幼児ケア・発達活動を拡張する。特に貧しい子どもたち，不利な立場におかれた子どもたち，障害を持つ子どもたちに配慮する。	最も恵まれない子どもたちに特に配慮した総合的な乳幼児のケア・教育の拡大および改善を図ること。
2	2000年までに初等教育（あるいは各国が「基礎」と考えるレベルまでの教育）へのアクセスと修了を普遍化する。	女子や困難な環境下にある子どもたち，少数民族出身の子どもたちに対し特別な配慮を払いつつ，2015年までに全ての子どもたちが，無償で質の高い義務教育へのアクセスを持ち，修学を完了できるようにすること。
3	学習成績を向上させる（教育の質の改善）。たとえば，一定の年齢層の一定の比率の者が必要とされる学習水準に到達するようにする。	全ての青年および成人の学習ニーズが，適切な学習プログラムおよび生活技能プログラムへの公平なアクセスを通じて満たされるようにすること。
4	2000年までに成人の非識字率を1990年の半分に削減する。特に女子の識字率を拡大する。	2015年までに成人（特に女性の）識字率の50％改善を達成すること。また，全ての成人が基礎教育及び継続教育に対する公正なアクセスを達成すること。
5	若者と成人のための基礎教育・その他の基本的な技能の訓練の機会を拡張する。プログラムの効果は人々の行動の変化，保健・雇用・生産力への影響によって評価する。	2005年までに初等および中等教育における男女格差を解消すること。2015年までに教育における男女の平等を達成すること。この過程において，女子の質の良い基礎教育への充分かつ平等なアクセスおよび修学の達成について特段の配慮を払うこと。
6	マスメディア，新旧のコミュニケーション手段，社会的行動など，あらゆる教育チャンネルを通じて個人や家族がよりよい生活や健全かつ持続的な開発に必要とされる知識・技能・価値観を獲得する機会を拡大する。	特に読み書き能力，計算能力，および基本となる生活技能の面で，確認ができかつ測定可能な成果の達成が可能となるよう，教育の全ての局面における質の改善並びに卓越性を確保すること。

出典：UNESCO（2007）より著者作成（下線部は著者）。

2「女子や困難な環境下にある子どもたち……」，目標4「成人（特に女性の）……」，目標5「……男女格差を解消する…（中略）教育における男女の平等を達成…（中略）女子の質の良い基礎教育への充分かつ平等なアクセスおよび

表5　ミレニアム開発目標の教育に関する目標

目　標	ターゲット	指　標
【目標2】 初等教育の完全普及の達成	2015年までに，全ての子どもが男女の区別なく初等教育の全課程を修了できるようにする。	1．初等教育における純就学率 2．第1学年に就学した生徒のうち初等教育の最終学年まで到達する生徒の割合 3．15～24歳の男女の識字率
【目標3】 ジェンダー平等推進と女性の地位向上	可能な限り2005年までに，初等・中等教育における男女格差を解消し，2015年までに全ての教育レベルにおける男女格差を解消する。	1．初等・中等・高等教育における男子生徒に対する女子生徒の比率 2．非農業部門における女性賃金労働者の割合 3．国会における女性議員の割合

出典：外務省ホームページ。

修学の達成について特段の配慮を払うこと」などと，ジェンダーの問題をより明確に目標に取り入れていること。そして，「基礎教育」や「ノンフォーマル教育」について言及することで，より明確なターゲットにより適切な教育機会の提供を掲げていることである。

また，同年2000年9月には，「国連ミレニアム・サミット」が開催され，「ミレニアム宣言」が147か国の国家元首を含む189の国連加盟国の代表によって採択された。サミットでは，国連の「ミレニアム開発目標（Millennium Development Goals，以下 MDGs）」が掲げられた。これは，人類の将来の繁栄に向けた基礎的条件を整えるために設定された国際社会共通の具体的目標であり，貧困削減，初等教育の完全達成，ジェンダー平等，乳幼児死亡率の削減，妊産婦死亡率の削減，HIV/AIDS およびマラリア等疾病の蔓延防止，持続的環境の確保，開発のためのパートナーシップなど8つの大きな目標とそれに伴う18のターゲットと48の指標から構成されている。

教育に関する目標は，目標2の「初等教育の完全普及の達成」と目標3の「ジェンダー平等推進と女性の地位向上」のみとなっている（表5参照）。「初等教育の完全普及の達成」については，「2015年までに，全ての子どもが男女の区別なく初等教育の全過程を修了できるようにする」ことをターゲットとし，「ジェンダー平等推進と女性の地位向上」については，「可能な限り2005年まで

表6　ダカール行動枠組みによる目標とミレニアム開発目標の比較

目標	「ダカール行動枠組み」による EFAへ向けた目標	ミレニアム開発目標
1	総合的な就学前保育・教育の拡大および改善	
2	2015年までに全ての子どもたちの初等教育へのアクセスと修了	2015年までに，全ての子どもが男女の区別なく初等教育の全課程を修了
3	全ての青年および成人の学習ニーズへの対応	
4	2015年までに成人（特に女性の）識字率の50％改善。全ての成人の基礎教育および継続教育の公正なアクセス達成	
5	2005年までに初等および中等教育における男女格差の解消 2015年までに教育の男女平等の達成	2005年までに，初等・中等教育における男女格差の解消 2015年までに全ての教育レベルにおける男女格差を解消
6	質の改善ならびに卓越性の確保	

出典：外務省ホームページ。

に，初等・中等教育における男女格差を解消し，2015年までに全ての教育レベルにおける男女格差を解消する」ことをターゲットとしている。

MDGsは，国連ミレニアム宣言と1990年代に開催された主要な国際会議やサミットで採択された国際開発目標を統合し，1つの共通の枠組みとしてまとめられたものであり，教育に特化しているものではない。MDGsの教育に関する目標とEFA・ダカール行動枠組みの目標とを照らし合わせて比較すると，表6の通り，目標2の初等教育の完全普及の達成と目標5の教育における男女格差の解消とが合致している一方で，ダカール行動枠組みの目標にある質の改善や就学年齢の子ども以外の未就学児や成人の教育には言及していない。つまり，この2つの目標から，最低限の目標としての2015年度までの全ての子どもの初等教育の完全就学と修了，2005年までの初等・中等における男女格差の解消と2015年までの全ての教育における男女格差の解消を，MDGsの中で強調したものとしてとらえることができる。

これらの目標に対しては，達成困難な国，とりわけ低所得国の場合は，国際社会の積極的な援助（とくに財政支援）がないと，その国の自助努力だけでは，現実的に達成不可能であることが明白になった。そのため新たなイニシアティブを高める機運が高まっていき，2002年3月に開かれた「開発のための資金国際会議（UN Conference for Financing and Development）」では，2015年までの初等教育の完全普及の実現のため途上国への財政援助の増大，先進国と途上国間の貿易の促進の必要性が確認された。それを受けて，2002年6月に世界銀行が主導し，低所得国とドナー国・機関のグローバルイニシアティブとしてファスト・トラック・イニシアティブ（Fast Track Initiative，以下 FTI）がスタートした。FTI の目的は，EFA 目標達成への「軌道に乗っていない」国々の支援を中心にしながら，EFA 目標達成への「軌道に順調に乗っている」国々の経験からも学びながら，低所得国の MDGs の促進を加速させることにあった。FTI の中心的な内容は，①「インディカティブ・フレームワーク」の範囲で，費用対効果を高めながら初等教育普遍化を達成する努力を加速させるための途上国によるコミットメント，②初等教育の発展を加速させる信頼できるプランを持っている国で，財政支援（できるだけローンでなく無償）を増加させるドナーによるコミットメントである。また，対象国の条件としては，低所得国のうち①公式に承認された貧困削減戦略文書があること，②ドナーによって同意された教育セクタープランが策定されていることである（小川・江連・山内 2008）。

EFA・ダカール行動枠組みと MDGs の目標に向けての各国政府や国際機関の努力により，大きな進歩が見られ，不就学の児童および若者の数は2000年から半分に減少し，学校に通う子どもの数はおよそ3400万人増加し，ジェンダー格差の解消など一定の成果が上がっている。しかし，依然として不就学児童の数は多く，初等教育の純就学率は図1の通り，地域間格差も大きく，いずれの地域も完全達成には至っておらず，ダカール行動枠組みおよび MDGs の目標達成には到達していない（UNESCO 2015）。

特に，ダカール行動枠組みの6つの目標のうち，MDGs に含まれたのは，初等教育完全普及と教育におけるジェンダー格差解消の2つのみで，他の4つの目標（幼児教育，成人式時，若者と成人の教育，教育の質）が重要視されず，過去15年間ほとんど進捗がみられなかった。そのため，EFA・ダカール行動枠

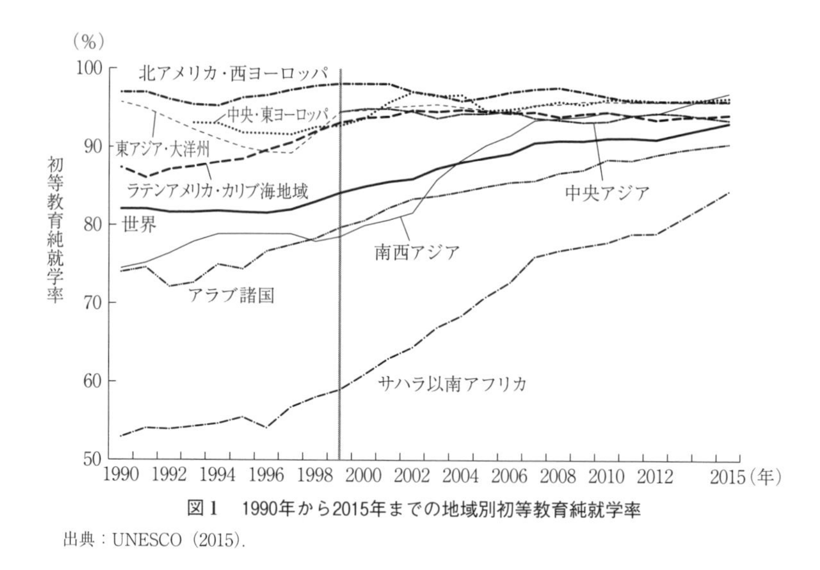

図１　1990年から2015年までの地域別初等教育純就学率

出典：UNESCO (2015).

組みおよびMDGsは，それぞれの目標に対するポスト2015に向けた提言を示し，引き続きEFAを追求することを明言した（表７参照）。

③世界教育フォーラム・インチョン宣言と持続可能な開発目標

EFAの目標期限である2015年５月に韓国政府およびユネスコの主催により15年ぶりに韓国の仁川で「世界教育フォーラム」が開催され，130か国からの教育大臣など閣僚を含む約1500人が参加した。フォーラムでは，1990年のタイ・ジョムティエンで開催された「万人のための教育世界会議」，2000年のセネガル・ダカールでの「世界教育フォーラム」を経て策定されたEFA目標の達成度について評価が行われ，2015年から30年までの世界共通の教育目標が「インチョン宣言」として採択された。「インチョン宣言」は20項目にわたり，教育は基本的人権であるとの前提を踏まえ，全ての人に包括的で公正な質の高い教育の保障と生涯教育の機会提供を推進することを目指して以下の点が盛り込まれた。

表7　EFA & MDGs の目標に対するポスト2015に向けた提言

EFA へ向けた目標 & MDGs	ポスト2015に向けた提言
総合的な就学前保育・教育の拡大および改善	1．全ての子ども，特に最も疎外された子どもを対象に就学前教育を拡大しなければならない 2．必要とされるあらゆる種類の ECCE に関するデータの向上 3．全ての子どもに，少なくとも1年間の就学前義務教育が必要である
2015年までに全ての子ども達の初等教育へのアクセスと修了	1．初等教育の完全普及を実現するため，取り残された子どもの問題への対応が必要である 2．最も疎外された子どもに関する進捗を把握するには，より適切なデータを入手しなければならない
全ての青年および成人の学習ニーズへの対応	1．前期中等教育の完全普及が必要 2．セカンド・チャンスの学習プログラムの拡充が必要 3．スキルについてのより良い定義と，それに対応するポスト2015のデータが必要
2015年までに成人（特に女性の）識字率の50％改善。全ての成人の基礎教育および継続教育の公正なアクセス達成	1．識字能力とはあるかないかの二択ではなく，段階的なものであるという理解が高まっており，それを反映するようなデータが必要である 2．国際的な合意に従って，全ての成人が身につけなければならない機能的な識字のレベルを各国政府は明確にするべきである
2005年までに初等および中等教育における男女格差の解消 2015年までに教育の男女平等の達成	1．学校は，子どもたちが自信を持ち，ポジティブなジェンダー関係を促進するような指導と学習を行い，安全かつインクルーシブで，ジェンダーに配慮した場でなければならない 2．ジェンダー格差がより顕著なコミュニティを対象としてリソースを配分しなければならない
質の改善並びに卓越性の確保	1．より多くの優秀な，訓練を受けた教員，改善された教材，および適切なカリキュラムが必要である 2．質の高い教育と公平な学習の成果を支援するための学力調査が必要である

出典：UNESCO（2015）より著者作成。

【日本ユネスコ協会連盟】

➢ 12年間の公教育を保障する。そのうち9年間の初等・中等教育を無償義務化する。

➢ 教育予算の数値目標を明記する。

➢ 教育の質の保障には教員が鍵であるとの認識のもと，研修，待遇，士気を改善する。

➢ ジェンダーの平等をはかる。

➢ 紛争国や災害時に，緊急・復旧・復興時を通じた教育を保障する。

MDGs が2015年に期限を迎えるにあたり，各国政府や国際機関は引き続きMDGs に取り組む必要があった。とりわけ，貧困問題・飢餓半減，教育の保証，ジェンダー格差是正，保健や環境など多くの課題が残されており，地球の環境問題を解決するために行われた1992年の地球サミットや2012年のリオ＋20など

表 8　教育に関する持続可能な開発目標（SDGs）

（目標 4）すべての人に包摂的かつ公正な質の高い教育を確保し，生涯学習の機会を促進する
(4.1) 2030年までに，全ての子どもが男女の区別なく，適切かつ効果的な学習成果をもたらす，無償かつ公正で質の高い初等教育及び中等教育を修了できるようにする。
(4.2) 2030年までに，全ての子どもが男女の区別なく，質の高い乳幼児の発達・ケアおよび就学前教育にアクセスすることにより，初等教育を受ける準備が整うようにする。
(4.3) 2030年までに，全ての人々が男女の区別なく，手の届く質の高い技術教育・職業教育および大学を含む高等教育への平等なアクセスを得られるようにする。
(4.4) 2030年までに，技術的・職業的スキルなど，雇用，働きがいのある人間らしい仕事および起業に必要な技能を備えた若者と成人の割合を大幅に増加させる。
(4.5) 2030年までに，教育におけるジェンダー格差を無くし，障害者，先住民および脆弱な立場にある子どもなど，脆弱層があらゆるレベルの教育や職業訓練に平等にアクセスできるようにする。
(4.6) 2030年までに，全ての若者および大多数（男女ともに）の成人が，読み書き能力および基本的計算能力を身に付けられるようにする。
(4.7) 2030年までに，持続可能な開発のための教育および持続可能なライフスタイル，人権，男女の平等，平和および非暴力的文化の推進，グローバル・シチズンシップ，文化多様性と文化の持続可能な開発への貢献の理解の教育を通して，全ての学習者が，持続可能な開発を促進するために必要な知識および技能を習得できるようにする。
(4.a) 子ども，障害およびジェンダーに配慮した教育施設を構築・改良し，全ての人々に安全で非暴力的，包摂的，効果的な学習環境を提供できるようにする。
(4.b) 2020年までに，開発途上国，特に後発開発途上国および小島嶼開発途上国，ならびにアフリカ諸国を対象とした，職業訓練，情報通信技術（ICT），技術・工学・科学プログラムなど，先進国およびその他の開発途上国における高等教育の奨学金の件数を全世界で大幅に増加させる。
(4.c) 2030年までに，開発途上国，特に後発開発途上国および小島嶼開発途上国における教員研修のための国際協力などを通じて，質の高い教員の数を大幅に増加させる。

出典：外務省ホームページ。

の世界会議では「持続可能な開発」が求められた。

2015年9月には国連総会でポスト2015サミットが開催され，この先15年の極度の貧困の解消と持続可能な開発を目指して，17の目標と169のターゲットからなる「持続可能な開発目標（Sustainable Development Goals，以下SDGs）」が採択された。

教育に関するSDGsについては，ポスト2015に向けた提言を包括し，インチョン宣言を盛り込んだ教育目標としてSDGsの目標4に「すべての人に包摂的かつ公正な質の高い教育を確保し，生涯学習の機会を促進する」ことに対する具体的な7つの目標および3つの実施手段としての目標に基づいて統合され（表8），ダカール後の新たな「教育2030行動枠組み」が採択された。

その特徴は，未就学児童や非識字者など，これまでに達成できていない課題への対応と，「すべての人々にとって包括的で公平な質の高い教育と生涯学習の促進」のもと，アクセス，インクルージョン，公平性，生涯学習などを新たに加えたことである。また，持続可能な開発のための教育（Education of Sustainable Development）やグローバル・シチズンシップ教育（Global Citizenship of Education Development）など，高い質を求める姿勢が強まってきている。さらに，これらの目標を達成するために，「各国の教育にGDPの4－6％，公的財政支出の15－20％の支出」を目標にし，ドナー国に対してはGNP 0.7％を途上国向けのODAに割り当てることを目標にするなど具体的な取り組みを示している。

2　教育の分権化をめぐる議論

（1）　分権化の概念

分権化とは，中央政府から地方政府やプライベートセクターに公的機能の権限と責任を分散させることであるが，その概念は幅広い。ここでは，分権化を「中央政府から下位または半独立的な政府組織，あるいは民間セクターへの公

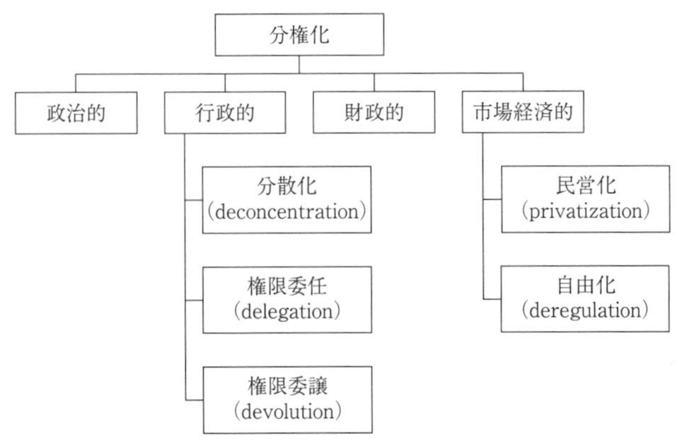

図2　Rondinelli の分権化の形式

出典：Rondinelli (1998).

共的機能の権威と責任の転移」と定義する (Rondinelli 1998：p. 2)。Rondinelli et al. (1983) は分権化の形を分散化 (deconcentration), 権限委任 (delegation), 権限委譲 (devolution), 民営化 (privatization) の4タイプに分類した。

「分散」は中央政府が実質的な権限を保持した状態のまま, 中央政府から地方の同じ部局に業務を分散させることである。あくまでも業務の分散であり, 下位機関に対して権限の委譲を伴うものではない。したがって分権化の中でも最も弱い形式であるといえる。「権限委任」と「権限委譲」は, 業務に対する権限と責任を一定の範囲で地方の機関に委ねることであるが, 前者と後者の違いは, 中央政府が権限と責任を委ねる先が, 前者は中央政府によって自立性を与えられた地方公共団体であるのに対し, 後者は選挙によって選ばれた市長や議会を持つほぼ独立した地方政府という点にある。「権限委譲」は, 政治的分権化を基礎とする行政的分権化である。「民営化」は, 政府が独占してきた機能を民間企業や個人が担うなど, 公から民への権限の移転を意味している。このうち, 公共セクターにおける主たる対象は「民営化」以外の3者を指すと考えられる。

さらに, Rondinelli (1998) は, これらを政治的, 行政的, 財政的, 市場経済的の4分類に整理した (図2参照)。「政治的分権化」の目的は, 市民やその代

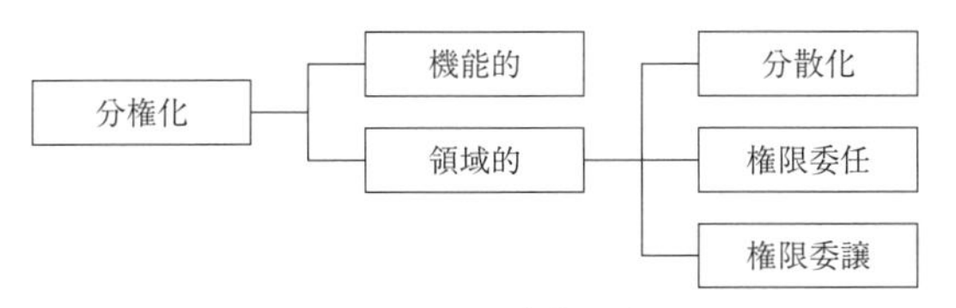

図3　Brayの分権化の形式

出典：Bray & Mukundan (2003).

表に公的な意思決定においてより多くの権限を与えることであり，これは普通選挙によって民意で政治家を選出することから始まる。また，これにより，政治的な分権化によって法改正や，多元主義的な政党の発展，立法府の強化，地元の政治組合の結成，公共利益団体への鼓舞などが求められる。また，「行政的分権化」によって，異なるレベルの政府組織の中でパブリックサービスを提供するための権限と責任そして財源の再配分が可能となる。「財政的分権化」は分権化における最も核となる要素である。地方政府や公共団体が効果的にその機能を分権化するためには，支出に対する権限と同時に適切な歳入も必要となる。そのため，財政的分権化は，受益者負担や税収などの形式も含まれる[(1)]。「市場経済的分権化」は，公的機関の持つ機能やそれに伴う責任をプライベートセクターに委譲した最も完結した分権化の形である。

これに対し，Turner & Hulme (1997) と Bray & Mukundan (2003) は，権限を並行に分散させる「機能的分権」と国家や州，郡，学校など地理的に異なる政府層に統制の再分配を行う「領域的分権」に分けた（図3参照）。上位組織から下部組織への権限の転移は「領域的分権」に含まれる。つまり空間的な概念である。さらに「領域的分権」は，「分散化」「権限委任」「権限委譲」を包含している。民営化については学校に対する国家の権限を縮小することになっており，近年では営利目的の私立学校と非営利のコミュニティ学校などが増加している。

(1)　多くの発展途上国では，地方政府が国民に税金を課す権限を持っているが，税金の制度そのものが非常に弱く，中央政府からの補助金頼みが根強いため，結局はその権限を行使できていないのが現状である（Rondinelli 1998）。

	政治的	財政的	行政的
脱集中化			
権限委任			
権限委譲			

図4　Evansの分権化の形式

出典：Evans & Manning (2004).

別の分け方として，Manor (1999) は意思決定のプロセスにおいて中央政府による統制を保ちつつ，政府が担う分権化と政府以外の組織が担うものとを区別する必要があると主張する。前者の政府が担う分権化とは，「分散化・行政的分権化」，「財政的分権化」，「権限委譲・民主的分権化」の3つである。「分散化・行政的分権化」とは，中央政府が政治的権力や支配を保持しつつ，政府の高位機関から下位機関に責任を分散させることであり，「財政的分権化」は高位機関から下位機関に予算や財政に関する意思決定を割譲するものである。そして，「権限委譲・民主的分権化」は，政府の高位機関からほぼ独立した下位機関に政治的権力や意思決定権，アカウンタビリティを委譲するものである。一方で，後者の政府以外の組織が担う形式には，「既存の分権化」，「民営化」，「権限委任」の3つがあり，「既存の分権化」では，自助努力によるコミュニティベースの組織やNGOが，「民営化」では，プライベートセクターが，さらに「権限委任」においては，各プロジェクトやプログラムのためだけに設立された特別委員会などが権限を担う。さらに，Evans & Manning (2004) は分権化を「脱集中化，権限委任，権限委譲」と「政治的，行政的，財政的」という類型を3×3の9通りの分権化のタイプがあると整理している（図4参照）。

これらのように，分権化には様々な形が挙げられるが，分権化の形においては，完全に集権・分権化している国家はなく，教育分野においては国家によってその分権化の形はさまざまなタイプが混在しているため，固定的にはとらえられない（Weiler 1990, McGinn & Welsh 1999, Bray 1991）。

（2） 分権化の動機とリスク

分権化を進める動機にはさまざまあるが，先進国と開発途上国においては，その動機は大きく異なる。

笹岡・西村（2007）は次の3つに整理している。

①統治体系のデザイン：独立後の国家の政治的枠組みにおいて，エスニシティや宗教などによる政治的権力の配分を分権化にどのように反映したかという歴史的な動機，②権力エリートの占有：低所得国では，国家というフォーマルな組織や制度的アカウンタビリティが弱いために，権力者のパトロネージが政治を強力に支配し，資源配分を左右する。これが，中央—地方の権力エリートの間で共有されるときに，分権化が促進される，③公共セクター改革：中央政府が非効率で腐敗している場合，サービスを受け取る市民に近いところに意思決定権やデリバリーの主体を設定することにより，住民により良いサービスを提供できるという考え方である。

開発途上国の多くの国では，貧困削減のために分権化を位置づけるドナーの戦略が顕著になってきている（Romeo 2003）。また，中央政府が国庫負担を軽減するために，地方行政機関に社会サービスに係る財政の負担を求めるというのが「財政分権」のそもそもの理由であることが多いという指摘もある（World Bank 2005）。

（3） 教育の地方分権化

分権化は，サービスを享受する受益者の多様性に応じることができるとして，特に保健セクターや教育セクターなどの分野で進められてきている。中央・西ヨーロッパの旧社会主義国のほとんどの国々が，先進国であるアメリカやオーストラリアに追随する形で，分権化など教育の変革を経験してきた。そしてその分権化における権限委譲は，地方政府，地域，学校などさまざまなレベルで行われている（UNESCO 2007）。

教育は，国家政策という観点からは，生産的個人や，政治社会化された個人の輩出という明確な役割を有している。教育の国家的役割とは，市民に対して政府が自らの政治的正当性を主張するための根拠となる部分である。同時に，政府は国の位置を確認し，目指す方向性を示し，その正当性を確認する上で教育評価をコントロールしようとする。教育の内容や教授言語，カリキュラムも同様に国家の目指す方向性を左右する要素であり，中央に委ねられやすい（笹岡・西村 2007）。集権的な教育が持つ役割と，分権化の流れは相反するものであることから，Weiler（1990）はこのことを「教育の分権化が自ら持つ矛盾」であると呼んでいる。

また，分権化の問題点として，権限が委譲された先の能力や構造が不十分で，割り当てられたタスクを効率的・効果的に実施することができないこと（Turner 2002）や，特にアジアの多くの国では，親や教員，校長はリスクがある場合には改革を遂行するよりも現状維持を優先する傾向があり，学校運営の権限委譲が教育改革の方向性に必ずしも沿わなかったこと（Chapman et al. 2002）などから，分権化が容易ではないことが分かる。それでも，教育の分権化を推進する理由として，①政治的権力の再配分，②教育システムの効率化，③文化的多様性の享受，④教育改革，⑤財政的理由（McGinn & Welsh 1999）が挙げられる。

（4） 教育の地方分権化の事例

教育セクターにおける分権化はさまざまな国で導入されている。そこで，その事例として，先進諸国から，アメリカのチャータースクール，イギリスの学校理事会，日本の学校運営協議会，ニュージーランドの学校理事会の事例を，開発途上国から，タンザニアの教育・訓練政策，タイの分権化の事例を，合計6か国の事例から国によって異なる政策であることを提示したい。

1）アメリカ

アメリカにおいては，1986年頃から学校の再構造化，教員の専門化と権限拡大，親の学校選択権の拡大などが標榜された。そして，学校の自立性と地域社会との関係を重視する地方分権化政策などが実施された。1990年代になると学校建設を企画する教員，親，地域住民などが州や地方の教育委員会との一定期間の契約をもとに，ある理念により公費で学校を運営するというチャータースクールが提唱され急激に普及してきた（吉良 2001）。

1991年にはミネソタ州においてチャータースクール法が制定された。チャータースクールの特徴は，①誰でも設立の申請が可能で，それを許可する機関が複数存在すること，②公立学校であることから非宗教系で授業料を徴収せず，入学者を選抜しないこと，③州や学区からの制限や規制から自由になると同時に，学校は生徒の学業成績に責任を負うこと，④経費は生徒の数に応じて割り当てられること，などである。チャータースクールは，保護者や生徒たち自らが積極的に参加・通学することで，数を増やし重要な教育改革の一つとなっている。

チャータースクールと伝統的な公立学校とを比較して，学業成績が優れているという実証的データはない（宝来 2007）。

２）イギリス

イギリスにおいては，「学校のローカルマネジメント」が，1991年からの段階的導入を経て，1993年から完全実施がなされている。具体的には，①地方教育当局の学校予算から，在学児童・生徒数に基づいて各学校への配分額を算出する予算配分方式と，②各学校の配分の範囲内で，具体的・実質的な予算編成を行う権限を各学校の理事会に委譲することである（勝野 2004）。

イギリスにおける学校理事会は，各学校に学校経営に関する種々の権限・裁量を与えるという自律的学校経営を実現する制度とされ，選挙などで選ばれた保護者や教師や地域住民などの学校経営の素人が，理事として形式的には学校の経営者となる制度である。理事は学校ガバナンスを担い，校長は学校運営を行う。学校理事会が持つ権限は，学校課程（カリキュラム），教職員の任用および学校予算の運用の主に３つの事項に関する権限・責任を持っている。イギリスでは，各学校に権限が授権されており，教育委員会が原則的に権限を持つ日本の学校運営協議会制度と比較すると，イギリスの学校理事会はより強い権限を持っていることがわかる（葛西 2012）。

3）日本

日本においては，2004年の地方教育行政の組織及び運営に関する法律の改正によって学校運営協議会制度が導入された。学校運営協議会の設置を教育委員会から指定された学校は，同法の用語では「指定学校」と呼ばれるが，実践的には「コミュニティ・スクール」と称することも多い。この「指定学校」における学校運営協議会の設置指定の主体は学校を所管する教育委員会である。学校運営協議会の委員の選出区分は「地域の住民」と児童・生徒・幼児の「保護者」であり，この他「教育委員会が必要と認める者」である，学校運営協議会の権限については，校長が作成した教育課程の編成その他教育委員会規則で定める事項について学校運営の基本方針を学校運営協議会が承認すること，校長または教育委員会に対する意見申し出の権限，そして，教職員の任用に関する意見申し出の権限である（仲田 2015）。

これまで保護者・地域住民の学校参加としては，2000年に導入された学校評議員制度があったが，意見を述べることができる権限はあったものの，最終的な判断は校長が行い，主導権はあくまでも学校にあった。一方で学校運営協議会制度は学校運営方針（教育課程，予算等）や教員人事について活発に議論して，学校をよりよくするというのがねらいであったが，学校の情報公開や地域人材の活用といった対外的な働きかけが中心となっている。学校運営の承認，教員人事の意見具申など，学校評議員制度になかった新たな権限が生まれたが，実際には，教育課程や教員人事といったセンシティブな問題に保護者や地域住民が関与することを忌避し，従来の学校懇談会のような交流の場として，学校運営協議会を位置づける傾向が強くみられる（広瀬 2013）。

4）ニュージーランド

ニュージーランドでは，1989年９月29日に教育改革法である「教育行政を改革するための法律」が成立し[(2)]，これにより，全ての公立学校に学校理事会（Board of Trustees）が設置されることが規定された。理事会は，親代表5名，校長1名，校長以外の教職員代表1名，民族比と男女比を考慮した協力者住民4名以下，中等学校の場合には生徒代表1名で構成され，教育検証（Charter）と呼ばれる学校運営の指針を作成し，教育検証のもとに，校長をはじめとする教職員の人事，学校財政，カリキュラム編成について運営を行うことが規定された。また，親の権利保障を促し援助する機関として，教育制度に不満を持つ親への援助・助言を実施し，学校制度内外に，そうした親たちの要求の実現を助ける機関として親擁護審議会（Parents' Advocacy Council）の設置が盛り込まれた。さらに，1989年の修正教育法では，既存の学校では満足できない親たちが21人以上集まるなどの要件を満たせば，文部大臣が新しい学校の設置許可を出すことができることが明記された。また，1990年7月の修正教育法で，各学校と文部大臣とのあいだに契約として交わされた教育検証の施行状況を定期的に点検し，目標の達成度をチェックする役割を担う教育審査局が設置された（荒井 1995）。

学校理事会には，①教育計画の策定，②教職員の人事，③財政運用の権限が与えられた。また，学校理事会の父母代表の選出は選挙で行われ，選挙広告には学校新聞が使われる場合が多い。校長，教職員の選任は，理事会が校長が行い，選ばれた校長が中心となって，他の教職員人事の計画が立てられ，審議される。理事会のメリットは，PTAの活発化，民族アイデンティティを基礎とした学校運営の取り組みが可能になること，であるが，一方で課題としては，理事会と校長が雇用—被雇用者の契約関係にあることで起こる問題，短期間で実施された政策ゆえの問題，一般父母の参加の減少，マイノリティの疎外などが挙げられた（同前）。

また，現役および退職した校長10名からの聞き取り調査から，理事会制の課題点として，資金調達力の学校間格差が財政面での学校格差を生むこと，保護

(2) 施行は1989年10月1日からである（荒井 1995）。

者を含むコミュニティと学校との関係が必ずしも良好ではないこと，そして，学校長の過重負担が挙げられた（中村 2012)[3]。

5）タンザニア

1961年に独立したタンザニアでは，1962年の教育法においてこれまでの民族や宗教によって異なる学校制度を廃した統一的学校制度に改められ，初等学校の建設と初等教育普及は地方当局とコミュニティの責任とされた。1974年のムソマ会議は初等教育の普遍化という目標を掲げ，タンザニアにおける初等教育の就学率（粗就学率）は93％（1980年）に上昇した。1980年代にはタンザニアは構造調整政策の受け入れを余儀なくされ，政策転換に対応した教育政策として1995年に「教育・訓練政策」が公表された。この政策では，州，県，コミュニティ，そして各教育機関に教育および訓練の行政・経営の権限を委譲する分権化と，補助金を削減して，個人，コミュニティ，NGO，保護者，そして受益者によるコスト・シェアリングを行うという方針が示され，また初等学校を含むすべての学校・カレッジに，経営，発展計画，財政等についての責任を有する委員会が設置されることとされた（渋谷・古川 2006)。

委員会は，各学校に置かれる学校委員会（School Committee）で，多くの権限がゆだねられるという特徴がある。初等学校の「学校委員会」は，教員代表2名程度，保護者（コミュニティ住民）の代表数名，区の議員，教育担当行政官などにより10名程度で構成されることから，分権化に止まらず，保護者およびコミュニティ住民の学校の経営や計画の策定・実施への参加を促進するものである（同前)。

委員会は，「学校総合発展計画」を策定，遂行し，「初等教育開発計画」資金から配分された資金を効果的，効率的に活用することとしているが，このほか学校の日常活動の監視や資金を預入する銀行口座の開設など9項目がある。タンザニアの義務教育における意思決定および費用負担並びにコミュニティの参

(3) このほか，高橋（2007)，福本（1997）らがある。

加に関しては，コミュニティ自体の負担能力が十分ではない点，経済的に豊かな家庭は子どもを私立学校に就学させるため，公立学校へのコミュニティ住民による協力や財政的貢献を得ることが難しいといった問題が挙げられる（同前）。

6）タイ

アジア諸国における教育の地方分権化は，1990年代以降に顕著に実施されてきた（Shoraku 2009）。

タイでは，教育財政の切迫，教育の質の低下，地域間の教育格差の顕在化，貧困／富裕層の教育格差の顕在化，タイ文化の衰退を背景に，1997年にSBMが導入された。各学校に保護者，その他住民，卒業生代表，校長，教員代表，宗教団体代表，有識者，自治体代表等が構成メンバーとなる教育機関委員会が設けられ，就学の促進，学校施設設備への財政支援，学校教育活動の指導，助言，監督，評価，学校独自の運営式の調査，貧困世帯の子どもへの奨学金支給，教育機関カリキュラムの作成支援等の役割を担っている（ワライポーン 2006）。

3　自律的学校経営（SBM）をめぐる議論

（1）　SBMの概念

教育の分権化を学校レベルにまで広げた運営方法はSchool Based Management（以下SBM）と呼ばれており，その他の呼称としてSchool Decision Making，Decentralization，Site Based Management，School Based Autonomy，日本語では「自律的学校経営」，「学校を基盤とする学校経営」などがある。本書ではSchool Based Managementを使う。

SBMの定義はさまざまである。Caldwell（2005）は，「SBMは，意思決定などの権限を学校レベルにまで分権化し，学校活動や学校運営についての責任や権限を校長，教師，保護者，生徒，そして他の学校コミュニティのメンバーに委譲すること」と定義している。Malen et al.（1990）は，「SBMは個々の学校を改善の第一時的ユニットとみなすガバナンス構造の変化であり，改善が促進・持続されるよう決定権限の再配分を行うものである」と定義している。中留（2003）は1980年代のアメリカの教育改革で行われた学校裁量権拡大から「自律的学校経営とは，（中略）地方への権限委譲を学校レベルにまで委譲し，学校の教育経営活動を活性化させ，それによって高い学力を確保しようとする裁量権拡大の試みである」と定義している。

Candoli（1995）は，SBMは，各学校に，学校が管轄する地域の子どもや学校に通っている子どもに起こっている事柄に対して責任を持たせるものであるとしている。これは，学校に通う子どもたちのニーズに応える教育プログラムの開発や，子どもたちにより適したプログラムの開発につながる学校人事などに各学校が責任を持つことであり，これらは学校が生徒や彼らのニーズを把握するからこそ可能となる。

また，SBMは，学校運営における責任や意思決定について，校長や教員，保護者，地域住民などの学校レベルの関係者に委譲されるが，これらは基本的に中央政府によって定められた政策の範囲内に留められていることに留意する必要がある（Caldwell 1998）。意思決定を学校レベルで行うことにより，児童・生徒に最も近い保護者や地域住民を巻き込むことが可能となり，学習活動を含む学校運営において生徒や地域のニーズに敏速に対応することができる。

実際に，1990年代から発展途上国の多くの国が学校のオーナーシップが高まることを目的としてSBMを導入している。また，SBM導入により学校評議会や学校運営委員会などと呼ばれる保護者の学校参加も広がっている。

本書では，SBMについて，Caldwell（2005）の定義に基づき「責任や意思決定などの権限を学校レベルにまで分権化し，学校活動や学校運営についての責任や権限を校長，教師，保護者，生徒，そして他の学校コミュニティのメンバーに委譲することであり，意思決定を含む学校運営においてコミュニティや保護者の参加を含むもの」とする。

（2） SBMの内容

SBMは,「責任や意思決定などの権限を学校レベルにまで分権化し，学校活動や学校運営についての責任や権限を校長，教師，保護者，生徒，そして他の学校コミュニティのメンバーに委譲することであり，意思決定を含む学校運営においてコミュニティや保護者の参加を含むもの」であるが，その権限の具体的な内容は，教師やその他の学校職員の雇用を含めた人事管理，カリキュラム開発教科書やその他の教育教材の採用などの教育活動に関わる内容，学校設備の改善，学校予算に関する内容，各教師の能力と生徒の学習成果のモニタリングと評価などの活動などである（表9参照）。

SBMにおいては，学校運営に関わる意思決定や人的物的動員も学校が担うことになるが，誰がその権限を持つのかは，国や地域，SBMの形式によって異なっている。

表9 SBMにおける学校の権限

人事管理	➢ 教職員給与 ➢ 教師への動機づけ ➢ 管理職の採用 ➢ 教師への助言と評価 ➢ 教員研修
教育活動	➢ 教科ごとの授業の実施 ➢ 教科書やカリキュラムの選定 ➢ 教授法 ➢ 学校行事
学校設備	➢ 学校 ➢ 建築／メンテナンス ➢ 学校資材購入
予　算	➢ 予算管理 ➢ 予算配分 ➢ 学校登録料
モニタリングと評価	➢ 学校行政 ➢ 教育学的決定

出典：World Bank（2007a）.

SBMの形式には，1）行政的管理型SBM，2）専門的管理型SBM，3）コミュニティによる管理型SBM，4）平衡的管理型SBMの4つの形式がある（Leithwood & Menzies 1998）[(4)]。

1）行政的管理型（Administrative Control）SBM

校長が権限を持つ。各学校が，地域行政や地域の教育委員会に対する一層のアカウンタビリティを持つことを目的としている。人事やカリキュラムの編成にかかる費用に対する効果が得られると共に，各学校につき一人に中心的な権限に対するアカウンタビリティを持たせることができる。

2）専門的管理型（Professional Control）SBM

教師達が主な意思決定の権限を持つ。クラスレベルで学校に何が求められているのか教師が持つ専門的な知識を有効に使うことを目的としている。意思決定プロセスに参加することによって教師はより良い結果を出すことができ，さらにより効果的で効率的な教授活動を展開することができる。

3）コミュニティによる管理型（Community Control）SBM

保護者または地域コミュニティが主な意思決定の権限を持つ。このSBMの型においては，教師や校長は保護者のニーズに責任を持つようになることが想定されている。また，カリキュラムも地域のニーズに応えることができる。

4）平衡的管理型（Balanced Control）SBM

学校における主な利害関係者である生徒の保護者と教師がともに権限を持つ。学校運営を向上させ，保護者に対してより学校がアカウンタビリティを持つために，教師が持つ学校についての詳細な知識を利用することを目的としている。

---

(4) Murphy & Beck（1995）が，SBMの形式を①行政的管理型SBM，②専門的管理型SBM，③コミュニティによる管理型SBMとしたものに，Leithwood & Menzies（1998）が④平衡的管理型SBMを加えたものである。

表10　SBMのレベル

SBMのレベル	内　容
弱（Weak）	州や地域に分権化されてはいるものの，個々の学校は権限を持たない
標準（Moderate）	権限が主に学校計画や学校建築などの学校業務についてのみに限られている
部分的に強（Somewhat Strong）	学校評議会が設立されているが，助言的な役割のみしか与えられていない
	学校評議会が設立されており，教員や校長の採用や解雇，カリキュラムについても権限を持っている…（a）
強（Strong）	（a）に加え，大きな額の財源を管理している
	保護者やコミュニティによって学校が管理されている…（b）
非常に強（Very Strong）	（b）に加え，保護者やその他の利害関係者が学校を設立することができるなどの選択が可能である

出典：World Bank（2007a）.

一般的に校長は，自身の考えのみで学校運営を行うことはなく，学校に関する意思決定においても，日常の学校運営においても他のスタッフとの協働が必要となるため，1）行政的管理型SBMは存在しえない。また，これらの4つのモデルが混合していることが通常である。さらに，多くの場合，学校評議委員会や学校運営委員会などの教師や校長から構成される組織に権限が移譲されている。一方で生徒の保護者や地域住民についてはSBMにおいての役割はあるものの，常に定まったものではない。保護者会という形での実態はあるが，教師や校長の協力なしでは会が運営できないという状況もある（World Bank 2007a）。なお，本書で扱うカンボジアについては，1）と4）の混合型のSBMであると言える。

また，SBMのレベルを「弱（Weak）」，「標準（Moderate）」，「部分的に強（Somewhat Strong）」，「強（Strong）」，「非常に強（Very Strong）」の5段階に分けることができる（表10参照）（Ibid.）。本書で扱うカンボジアは，「部分的に強」のレベルであると言える。

（3） SBM に対する期待と障害や弊害についての議論

SBM に対する期待は，次のように整理をすることができる。①学校教育の量と質の向上，その結果生徒の学習成果の向上が期待できる，②保護者やコミュニティの学校参加により，保護者と学校のパートナーシップが深まり，学習に対する家庭の環境が改善する。また，それにより人的物的動員が可能になり，財政負担が少なくなることが期待される，③学校運営や学校教育のモニタリングや評価に地域住民や保護者が参加することで権限委譲のプロセスによる透明性の向上が期待できる，④校長や教師のエンパワーメントにより積極的な参加や関わり，努力が見込まれる，⑤地域レベルでの能力の向上が期待される，⑥校長，教師，保護者などの学校関係者が，教育の問題について意思決定を下すことができ，中央レベルの担当組織によって下される決定よりもより民主的である（World Bank 2007a，World Bank 2007b，Grauwe 2004，Malen et al. 1990）。

一方で，SBM 導入の批判的な立場からは，以下の点が指摘されている（World Bank 2007b）。まず，SBM 導入における政策改革の準備に多大な労力を要することである。特に財政規模の小さい途上国にとっては，意思決定などにかかる労力に加えて時間もかかってしまう。さらに校長や教師，保護者にかかる負担が挙げられる。学校レベルの運営者は，以前は教育システムのより高いレベルで対処されていた責任を負うことがますます期待されるようになっているため，校長をさらに重要な地位へと押し上げてきている（アジア開発銀行 2006）。校長にとっては学校における権限が増えることで，今まで以上に，学校運営，管理などの業務が課されることになり，大きな負担となる（Grauwe 2004）。また，教師も複雑な変化に対応していく必要がある。校長（地域コミュニティや保護者との窓口）と教員の役割の違いから，その温度差が生まれる恐れもある。地域住民にも地域の学校参加という点から時間と労力を課される。さらに，保護者の学校参加によって，保護者も時間と労力を課されることになり，低所得の家庭においてはかなりの負担となる。このことは，タンザニアの事例からも明らかになっている（渋谷・古川 2006）。

また，セネガルとマリで新しく導入された学校運営委員会と既存の保護者会の間に地域間の権力紛争に起因する衝突があり，その衝突が学校運営委員会の機能不全の原因となっていた事例もある（斎藤 2013）。地域住民は時間や労力がないため公教育に深くかかわらないうえに，保護者の期待と実際の目標が不明瞭であったり，教育は国家の仕事と信じられていること，また学校の構造や機能に対する無知，学校の地域や親の関与に対する無関心，親の教育的能力の過小評価（Shaeffer 1994）などが指摘されている。さらに，学校委員会における親の参加は，地域の社会・経済的，文化的資本の分配状況を反映しやすく，学歴やジェンダーによって親の参加に違いがある（Daun 2007）ことも明らかとなっている。

グアテマラの事例として，1996年から始まったPRONADE（Proyecto Hondureiio de Educasion Comunitaria）と呼ばれる保護者を構成員とする学校委員会が学校運営を行う制度は，就学率や中途退学率の改善など一定の有効性が示されたにもかかわらず，SBMが引き起こす弊害から2008年に廃止となった。その理由として，田村（2012）は，教師よりも保護者の意思が優先されやすい仕組みであったこと，給料や待遇において一般の公立学校とは異なり教師の不満が募ったこと，そして，学校運営に主体的に関わるコミュニティが選別される仕組みにより，教師の専門性や活動の自由，生活の安定などが保障されない仕組みであったことなどを挙げている。

SBMは教育問題を解決に導く万能薬のように扱われてきたが，Shaeffer（1994）は権限移譲やエンパワーメントに伴う参加は開発の万能薬ではないことを指摘している。また，特に開発途上国で導入されたSBMは，西欧的なコミュニティの概念がない開発途上国の社会においてはそぐわないものであるという指摘がなされ，20世紀後半から21世紀初頭にかけて世界の多くの国々で導入されてきたSBMに対して慎重に再考する必要性が迫られている。

それでも，学校委員会制度は，行政の支援が行き届かない分野において，必要な資源や労働力を住民が代わりに提供するという，代替的な資源の提供者になりえるという考えからも学校委員会制度を組織する必要が論じられてきており（Bray 2003，Rose 2003），さまざまな効果も明らかとなっている。

（4） 事例からみるSBMの効果と課題

SBMは，多くの国で導入されてきているが，SBMの導入による効果と課題について，メキシコ，インドネシア，タンザニア，セネガル，マラウィの5か国の具体的な事例を挙げて検証する。

1）メキシコ

メキシコでは，学校運営のサポートを行う保護者と地域住民の学校参加システムに対して，建物の修繕や教材などに使うための少額の財政付与と，学校運営に関わる研修が行われている。このプログラムを実施している学校と実施をしていない学校とを比較したところ，実施している学校は，実施していない学校よりも留年率と退学率が5％少ないことが明らかとなった（Gertler et al. 2012）（下線部は著者による）。

また，メキシコで施行されているPrograma Escuelas de Calidad（PEC）が，生徒の学業達成にどのような影響を及ぼすかについて調査した研究では，退学率と留年率と落第にプラスの効果があることが分かった（Murnane et al. 2006）（下線部は著者による）。

2）インドネシア

インドネシアの学校運営委員会を通しての住民参加について，2007－2008年にかけて行った520校での計量調査の結果からは，学力試験結果との関係性と退学率や留年率への影響は見られなかった。一方で委員会の選挙を行うことに対する費用対効果として，委員会の選挙を通しての保護者への認知度の増加があったことが明らかになった（Pradhan et al. 2013）（下線部は著者による）。

また，コミュニティの関与を通して，貧困家庭の子どもへの奨学金の付与を行っているインドネシアの奨学金プログラム（School Grant Program：SGP）は，退学率の減少と中学校への進学率の向上に寄与していることが明らかとなっている（Agustina, et al. 2009）（下線部は著者による）。

3）タンザニア

タンザニアの4つの小学校における学校評議員会が小学校の修学達成にどのように関わっているのかを明らかにした調査では，学校評議員会の関わりが退学率の減少に正の効果があることが明らかになっている。また，学校評議員会のメンバーの必要要因として，十分な教育を受けたメンバーであることも明らかとなっている（Malifimbo 2015）（下線部は著者による）。

4）セネガル

セネガルの小学校2校で学校関係者間の実際の意思決定と活動実施の際に関係者がどのように関わりあっているのか，住民参加が学校と地域に対してどのような影響を及ぼしたのかを明らかにした研究では，「住民による学校への協力」という言葉は，校長や教員などの学校側の関係者，保護者や地域住民などの地域内関係者，そして，住民組織の代表の3者間で理解のされ方が異なっていることが明らかとなった。また，校長と特定の人物の間のコミュニケーションが活発になったがそれ以外の保護者や地域住民と学校との関わり方は以前から変化していないことが分かった（斎藤 2013）（下線部は著者による）。

5）マラウィ

コミュニティの小学校において，地域住民の意思決定への関与を進めるために設置された学校委員会制度は，非効率的で脆弱であると Rose（2003）は指摘している。学校委員会の非効率性の要因は，委員の経験や訓練不足，明確なガイドラインの不在にある。また，学校委員会制度がコミュニティからの要請ではなく，トップダウンで始まったものであり，さらに，学校委員会が，学校およびコミュニティと意思決定に何の権限も持たない村長との間の仲介者として板挟みとなっていることが明らかとなっている（Rose 2003）。

これらから，SBMの効果は一律ではないが，退学率や就学率などの内部効率性に対する効果は一部において確認ができる。しかし，学習達成に対する直接的な効果は得られていない。したがって，教育の課題である量的質的改善において，SBMが何に影響をおよぼすのかについて明らかにすることは，SBMを実施していくうえで，重要である。

本書では，SBMが退学率や就学率などの内部効率性の向上に寄与する点に着目し，SBMを肯定的にとらえる立場に立っている。本書が扱うカンボジアがEFA達成を目指しており，そのためには退学率や就学率などの内部効率性の向上が不可欠であると考えられるからである。では，SBMが成功する要因は何であろうか。

（5） SBMの成功の要因

Murphy, J.（1994）は，SBMを実施するうえで重要となる要素として次の5つを挙げている。スタッフ間の信頼，目指すべき方向性と目標，リスクを冒すこと等を含めた「準備」，実施する上で制度の変更をはじめ「準備」のための「時間」，能力向上などの「専門的な知識の習得」，知識の習得等に必要となる「財源」，そして，すべての教育関係者や制度作りのための関係者からの「サポート」である。

米国のSBMについて論じた柳原（2001）は，次の9つがSBMの成功の要因としている。①学校評議会への多様な関係者（校長・教師・親・地域住民など）の参加，②参加者の持続的な訓練，③情報の収集と迅速な伝達，④誘因システムの創造，⑤学校に関するビジョンの共有，⑥校長の役割変容および校長と教師の間のリーダーシップの共有，⑦必要とされるリソースの確保，⑧学区事務局の支援，⑨各学校のアカウンタビリティ確保のための学校のモニター，である。また，これらに加え，学校の支援者としての教育行政機関の役割として，①連邦，州，学区の基準に基づいた目標とガイドラインの設定，②インセンティブの発揚を考慮した給料と給与外得点のガイドラインの設定，③校長・教師を中心とした関係者の訓練の機会の提供，④リソースセンター，情報処理センターとしての教育行政機関の役割と，アカウンタビリティを確保するために学校をモニターする教育行政機関の役割として，成果の上がっていない学校を認定したうえで，教職員や学校評議会に対する研修・指導視察・介入が必要であるとしている。

Lawler（1986）が提唱した高関与マネジメントは，成果主義的な報酬の施策であり，参加型経営の一つの方法である。組織に属するメンバーが権限，知識，技術および情報，そして報酬を分配することで，組織メンバーの動機付け，満足感，意思決定の質，変化への受容性を高め，組織の業績や成果を促進することできるとするものである。Wohlstetter & Mohrman（1993）がこの高関与マネジメントをSBMにおいて検証したのが高関与モデルである。高関与モデルにおいては，高関与マネジメント同様，SBMの主体である学校組織または評議会などにおいて，権限，知識，技術および情報，報酬が配分されていることがSBMの成功の要素であるとしている。

Briggs & Wohlstetter（2003），Guzman（2006）は，次の8つがSBMの成功の要因であるとしている。①児童生徒の学習達成に対する行政の基準に調和した教授と学習に基づいた活発なビジョンを持っていること，②予算，カリキュラム，人事において意思決定の権限を持ち，教授と学習において意味のある変化を生み出す権限の行使ができること，③意思決定チームのネットワークを構築することで，学校組織全体に幅広く権限を分散すること，④知識と技術の開発が，変化に対する学校規模での能力向上，専門的な学習コミュニティの作成，共有された知識ベースの開発に向けて継続的に行われていること，⑤学校の優先事項に関連する情報収集と全ての学校関係者への情報の伝達のための複数の仕組みがあること，⑥学校目標に対する個人やグループの進歩を認める金銭的および非金銭的な報酬があること，⑦学校のリーダーシップは管理者と教師の間で共有されること。校長は管理者とファシリテーターの役割を担い，教師は享受や学習の問題について責任を負う，⑧専門家のネットワークへの関与や地域のビジネスコミュニティの起業家活動を通して，学校外からの資源を活用すること，である。また，これらに加えて，学校のアカウンタビリティも重要であると述べている。

SBMの形や導入の動機などがさまざまであれば，成功の要因も国や地域によって異なる。これらから，共通している点を整理すると以下となる。

①学校長のリーダーシップ
②知識と技術の開発：能力開発
③学校に関するビジョンの共有
④情報の収集と迅速な伝達
⑤関係者からの支援
⑥その他（各学校のアカウンタビリティ，権限の行使，権限の分散，金銭的または非金銭的な報酬，リソースの確保，準備と時間，専門的な知識の習得など）

多くの先行研究が校長のリーダーシップ抜きでは，SBMは成功しないと述べている通り，校長はSBMのキーパーソンである。また，SBMに関わる保護者や地域住民は学校に関わるための知識や技術を持ち得ていないため，保護者や地域住民が学校に関わるための知識の供与や技術の開発は必要である。また，学校が何を目指しているのかといった教学的なビジョンも不可欠である。学校に常にいるわけではない保護者や地域住民が情報伝達のネットワークから取り残されては，疎外感を与えることになり，SBMが機能しなくなる。これらは，SBMが機能するための不可欠な要因であると考えられる。

第2章
カンボジアの教育と分権化

1 カンボジアの教育の変遷

(1) 伝統教育：フランス植民地以前

カンボジアでは12世紀頃にスリランカから伝わったとされる上座部仏教が信仰され[(5)]，仏教寺院が地域社会の教育機関としての役割を担っていた（Dy 2004）。僧侶によって仏教寺院で行われた伝統教育は，男子に限定されており[(6)]，仏教教義を学ぶための基礎的な読み書きや仏教の経典，生活技能などが主に教えられた（Chandler 1988）。

教育を受けることができたのは，見習い僧として寺院にいる間だけであったため，民衆の識字率は極めて低かったと考えられている。伝統的な掟，物語，昔話などが僧侶によって口承で伝えられたことで，人々は宗教的かつ社会的な概念を身につけていった。また，口承で伝えられた数々の物語や昔話は，椰子の葉に書かれて寺院に保管されており，どの物語を民衆に語るのかは，文字を読める僧侶の裁量に任されていた（Ayres 2000）。伝統教育では議論より暗記が求められ，僧侶から生徒への一方通行の知識伝達が行われた[(7)]（Chandler 1988）。また，僧侶は無給で教員として教育を行っており，村人や地域住民による寄付

(5) 現在に至るまでカンボジア人の多くが上座部仏教を信仰し，文化や生活様式もこのころのものが現在まで伝わっている（北川 1996：p. 24）。

(6) その主な理由は教える教師が仏教の僧侶であり，教わる生徒は寺院に住み込み，労働を求められたからだと Dy（2004）は指摘している。

(7) 現在のカンボジアの暗記中心の教育に見ることができると前田（2003）は指摘している。

によって教育が行われてきた。

これらのことから，この時代において僧侶は特別な社会的地位が与えられ，教育と宗教は一体化していたことがうかがえる。現在でも寺院と学校が同じ敷地に併設されていたり，学校建設において寺院や僧侶が深く関わっていることは，この時代の伝統教育に見られる教育と宗教の一体化がカンボジア特有の慣習として根強く残っていると考えられる。

（2） 近代教育制度の導入：フランス植民地時代

フランス植民地時代における近代教育制度の導入は，前半と後半の2期に分けることができる。前半の19世紀後半までは王国内の中央行政機構の整備に重点が置かれた（高橋 1997）。後半の20世紀に入ると近代教育制度の導入が行われ，公教育と伝統的な寺院教育の整備が行われた。

まず，フランス・カンボジア間保護条約が締結された後の世俗的な教育機関として，1867年にノロドム王によって王族のための学校が，1873年にはプノンペンにフランス人海軍大尉であったフェリーロールズ（Ferryrolles）によって王族や政府の役人の子孫のための学校が設立された（Ayres 2000）。1893年には植民地政策を進めるためにカンボジア人の教育機関として保護領大学（the College du Protectorat）がシソワット高校（Lycee Sisowath）に先駆けて設立された（Ibid.）。これらの教育機関は一般人民を対象とした教育機関ではなく，王国の行政機関に配置するカンボジア人高官養成機関としての性格が強かったことから，フランス植民地政府は，カンボジアの植民地政策の一環として，エリート養成教育から着手したことがうかがえる。

次に近代教育制度の導入として，公教育が伝統的な寺院教育の整備とほぼ時期を同じくして開始される。しかし，双方ともに全国一律に導入されたわけではなく，各地のフランス人理事官の主導によって独自に進められていった（高橋 1997）。この時代の学校教育制度は次の4つに分類することができる。①フランス植民地政府によって設立された理事官府学校（全課程制学校）[8]，②各理事官府によって独自に学校の設立が進められた地方学校（初等学校）[9]，③農村部の各村落が住民参加型で学校建設を行い運営資金も負担する村落学校,[10] ④カンボジアで伝統的に行われた寺院での教育を発展させた寺院学校である。①と②は,「フランス・カンボジア学校」と呼ばれる。③の村落学校に関しては北川（2004）によると，学校を管轄するのは，理事長官が任命した補助教師か，理事官が選んだ指導員で，初級教育資格を持ち，しばしば村役場の書記を兼ねていた。1930年には全国に203の村落学校があり，7259名の生徒が在籍していた（表11参照）。④の寺院学校はそれまでも行われていたが，フランス植民地政府は寺院の果たす教育的役割に特別な注意を払わなかったため，寺院教育が制度化・体系化されることはなかった（高橋 2000）。

1911年の王令により「刷新寺院学校」として組織化された寺院学校は，カンボジア内のすべての寺院で8歳以上の男子にカンボジア語の読み書きや計算を教授することが目指され，8歳以上の男子を持つ家庭には子どもを寺院学校に就学させることが義務付けられた。

こうして，カンボジアにおける近代教育制度の導入は，フランス植民地政府が伝統教育のシステムをフランス式に統合することから始められたが，フランス植民地政府は質の高い教育をあえて提供しなかった。フランス式の統合を目指した理由は，植民地支配の権力を保持するためであった（Dy 2004）。一方で，とりわけ僧侶などのカンボジアの知識人がフランス植民地政府が進めようとした言語政策に抵抗するなど，教育におけるフランス政策は特に農村部において強く敵対された（Clayton 1995）。

これらの結果，フランス植民地政府の教育制度はカンボジアの農村に暮らす人々の生活にはほとんど影響を与えることはなかった。また形式上の教育制度は整備されたものの，カンボジアの多くの人々は伝統的な寺院学校に通い，僧侶から教えを受けることを選んだ。教育制度の近代化は進んだものの，実際には伝統的な寺院を中心とした教育制度が存続することになった（Phin 2013）。

(8) 大半がフランス人校長やフランス人教員が占めていた。
(9) フランス式の教育内容であったが，主な教員はカンボジア人であった。
(10) Clayton（1995）に詳しい。

表11　1930年における学校数と生徒数

（単位：人／（　）内は女子）

理事管区名	①全課程制学校		②初等学校		③村落学校		④寺院学校	
	学校数	生徒数	学校数	生徒数	学校数	生徒数	学校数	生徒数
プノンペン	3 (1)	1886 (251)	5	710 (42)				
バッタンバン	1	371	9	260	18	563	1	64
カンポット	1	278					47	2187
カンダール			11	520	65	1980		
コンポンチャム	1	274	9	280				
コンポンチュナン	1	185	5	240	12	265	3	26
コンポンスプー	1	179			2	72		
コンポントム	1	224	5	160	1	32		
クラッチェ	1	116	5	129				
プレイベン	1	215 (22)	9 or 5	416 or 170	12	438 (26)	1	29
プーサット	1	185	2	78	2	58	1	40
シェムリアップ	1	139	4	162	1	36		
スバイリエン	1	215	4	230	54	2661 (29)		
ストゥントレン	1	96	2	61				
タケオ	1	299	3	1014	36	1069		
計	18	4662 (273)	74	3507	203	7204 (55)	53	2386

出典：北川（2004）。

（3）　近代教育制度の確立：カンボジア独立

カンボジアがフランスから独立する12年前の1941年にシハヌークは国王に即位し，1953年にカンボジアはフランスから独立する。シハヌークは豊かな国民国家の建設に力を注ぐべく，強力な指導のもと，全ての国民に初等教育を義務化することを目標にし，初等教育から高等教育の全ての段階において教育機会を増やすことを目指した。1960年代には人的資本論が国際的な関心として広く浸透しており，カンボジアにおいても1966年から開始された「第2次5か年計画」にマンパワー計画が盛り込まれた。そうして，教育インフラ整備による量的拡大と教育の質の向上の両者が中心に行われた（Ayres 2000）。

シハヌークの教育政策について Deighton（1971：p. 579）は，次のように記している。

> 1960年には約60万人，1950年には13万人が小学校に就学していたが，1960年代後半になると，100万人を超える子どもたちが小学校に就学した。小学校の女子の割合は9％から39%にも増え，教師や学校の数は1950年から1964年までの間に同様に拡大した。[11]

この資料は，1960年代には教育の量的拡大が急速に進んだことを示している。また，1960年にはカンボジアで初めての高等教育機関が設立され，1966年には7360人の学生が大学で学んでいる。このような教育システムの拡大は1970年代まで続き，国家財政の2割が教育予算に充てられた。近代教育は雇用を生み出し，貧しい農家であっても教育によって，農業という厳しい生活から抜け出せるという期待を多くの国民が抱いた。

しかしながら，量的拡大に対して教員の不足や不十分なカリキュラムや教材など，すべての教育課程において教育の質が大きな問題となった。さらに，中等教育・高等教育を修了した若者が急増し，卒業後の受け皿の問題が浮上するものの，カンボジア社会の中で高学歴者に見合う仕事が十分に整備されておらず，彼らが満足するような雇用が行われないなど，教育と社会の現状との乖離が見られた（Ayres 2000）。

（4）　近代教育制度の崩壊：内戦とポル・ポト政権

シハヌークは，1970年にアメリカの後援を受けたロン・ノルによるクーデターによって国外追放される。ロン・ノル政権は，シハヌークの「第2次5か年計画」を踏襲し，教育の質の低下を抑える行政・カリキュラム改革を基にし

---

(11)　クメール語文献のため，Dy（2004：p. 94）より引用。

た「初等教育の完全普及」達成を教育政策の目標とした。その政策は，①より多くの小学校の建設，②新しい教授法を基にした教員養成および研修，③新しい経済，社会，文化に適応した賢明な教育制度の導入というものであった。また，1972年5月に公布・施行されたクメール共和国憲法では国民の教育の権利が保障され，基礎教育は義務・無償性であると規定された（第19条）。

しかし，社会的混乱の中で多くは実行に移されることはなかった。ベトナム戦争がカンボジア領内に拡大して以降は，特に東部や南東部の農村地域では米軍による空爆も行われ，多くの国内難民が発生した。また，ロン・ノル政権政府軍とカンプチア民族統一戦線の主導権を握ったクメール・ルージュの戦闘も激化してきた。このような状況の中，学校施設は破壊されたり，学校が閉鎖され，教育活動そのものが困難になった。

1975年4月には，クメール・ルージュがプノンペンに入城し，ロン・ノル政権は崩壊した。ポル・ポトを首相に仰いだカンプチア共産党はプノンペン制圧により1976年1月に民主カンプチア憲法を公布し，共産主義国家民主カンプチアを打ち立て，政権を握ることになった。

毛沢東の思想を奉ずるポル・ポト政権は急進的な共産主義政策を断行した。同政権は，それまでの社会的価値や人間関係を根本から否定し，集団による農業を中心とした原始共産社会への回帰を目指した。そのため，伝統文化や宗教が否定され，貨幣制度や経済活動は全て廃止された。私有財産の保持は禁止され全て没収された。また，近代教育を行う学校は閉鎖され，校舎は倉庫や収容所として使用され，カリキュラムやテキストは全て燃やされた。

しかし，ポル・ポト政権が，教育全てを否定したわけではない。1976年9月に策定された「社会主義国家建設のための4か年計画（The Party's Four Year Plan to Build Socialism in All Fields, 1977-1980)」において，教育ユース・スポーツ省（Ministry of Education, Youth and Sport）が存在していたことがそれを表している。この4か年計画には，教育システムに関して，3つのイデオロギーの要素が含まれていた。第一に，教育とりわけ読み書き計算は，技術を学ぶ手段としてのみ必要なものであること，第二に，技術は実践なくしては習得できないということ，そして，第三に，その習得は政治意識を高めることによって迅速かつ効果的に行われることとある。また，公教育は3年間の「一般的な」初等教員と3年間の「一般的な」前期中等教育，3年間の「技術的な」後期中等教育と3年間の「技術的な」高等教育といった教育制度が示されている。また，読み書き，計算，地理，自然科学，理科，基礎化学，革命闘争の歴史，そして党の政治や意識，組織についての「一般的」科目のリストもあった。しかし，この「社会主義国家建設のための4か年計画」における教育については，実行に移されることはなかった。

実際には，強制移動させられた地域によって異なるが，学ぶ場所は家の軒下や村の集会所，元学校などで，子どもたちは最低限の教育として，技術を学ぶ手段としての読み書き計算と共産主義思想やクメール・ルージュの思想を教えられた。子どもたちは半日を学業に，残りの半日は農業や牛や豚の飼育や養鶏，灌漑水路の建設などの労働を強いられた（Ayres 2000）。

ポル・ポト政権下では，政治権力を保持するために，インテリ層を中心に僧侶，教師，医者，技術者などが真っ先に処刑の対象となり，多くの知識人が失われた。正確な人数は明らかになっていないが，教師の75％，大学生の96％，初等および中等教育を受けていた子どもたちの67％以上など，人口の25％にあたる100万から300万人の人々が怪我，病気，過労，処刑で命を落としたとされる（Ibid）。

（5）近代教育制度の復興と拡大

1979年1月にベトナムの支援を受けカンプチア人民共和国が樹立された。ヘン・サムリン率いるカンプチア人民共和国によって，ポル・ポト時代に崩壊した教育制度を復活させるべく，初等教育の普及と教員養成に重点が置かれた。カリキュラム改訂や4－3－3制の導入，教員養成が行われ，3年間で3万2000人まで教員数が回復した。しかし，教員養成は3か月から半年間の短期コースが実施され，指導法や教育理論よりも一般的な知識を高めることに重点が置かれていたこと，さらに，教師の採用には初等教育しか受けていないものから高校，大学を出ている者まで統一されていなかったことから，教育の質に関する問題が残された（清水 1997)。また，ポル・ポト派は中国の強力な支援を受けてゲリラ活動を続けていたために，西洋諸国からの援助が停止した状況の中でカンボジアの復興は遅々として進まなかった。その結果，1979年に5290校の小学校が再開されたにもかかわらず，1983年には小学校の数は3005校にまで減少した（Phin 2013)。

その後，徐々に教育の復興が本格化し，1985年５月に開催された第５回カンボジア人民党の党大会では，識字教育の実践と識字率の改善こそが新しい国づくりを可能にするという考え方が明確に示された。そこでは，カンボジア人自身が中心になって教育政策を進め，そして，そのために人々の連携を強化し，学校建設や備品等の政策への協力を民衆に呼び掛けた（Ibid)。

1990年の「万人のための教育世界会議（World Conference on Education For All)」と同会議にて採択された「基礎的な学習ニーズを満たす行動のための枠組み（Framework for Action：Meeting Basic Learning Needs)」を受けて，プノンペンにおいて「万人のための教育国家会議」が開催された。同会議では，カンボジアの教育課題として主要なものとして「量（アクセス)，質，教員養成，就学前教育，カリキュラム，評価，成人識字，女子教育，社会的に恵まれないグループに対する教育，中退，留年，運営，行政，統計，計画」(State of Cambodia 1991）が挙げられ，「万人ための教育（Education For All：EFA)」に向けて取り組むべき課題が広範囲であることが確認された。とりわけ，教育の量

表12　カンボジアにおける万人のための教育目標

量　的	―1995年までに就学年齢の子どもの就学を100％にすること（2000年を目標として遠隔地の子どもたちにも拡大) ―すべての国民に読み書き計算を身につけさせる ―非識字者のためのフォローアップ授業の開設
質　的	―就学前教育の拡大 ―教員養成機関と学校カリキュラムの向上 ―図書館の開設 ―国内外からの技術的かつ財政的協力の動員

出典：National EFA 2000 Assessment Group. & Ministry of Education, Youth and Sport（2000：pp. 7-8).

的質的目標が表12の通りに設定された。

1991年にパリ和平協定が締結されると西側諸国の政府，国際機関及びNGOからの援助が再開され，外国人の専門家が主導して教育政策を立案し，外国か

表13　教育分野別の援助機関と支援の内容

分野	サブセクター 政府機関	サブセクター パートナーシップ	支援の内訳
■就学前教育／乳幼児ケアおよび開発	教育ユース・スポーツ省，初等・就学前教育局，女性省，保健省，農村開発省，ECDCR，マスメディア，就学前教員養成センター	Enfants du Cambodge, UNICEF/Sida, World Concern, Redd Bama, International Save the Child Alliance, EDC, SIPAR, Enfants Refugies du Monde, Skip Partage, Youth With A Mission，幼い難民を考える会, Committee of Small Children (CSC)	資金提供，技術支援，教師および職員研修，授業教材と遠隔授業教材，幼児ケア施設，予防接種，啓蒙活動，政策提言，ノンフォーマルチャイルドセンター（230以上），リソースセンター，移動図書館
■初等教育	教育ユース・スポーツ省，初等・就学前教育局，国家クラスター・スクール委員会(NCSC)，PTA	EU（カンボジア初等教育支援プログラム), Redd Bama, UNICEF/Sida, UNESCO，国連開発計画（UNDP)，アジア開発銀行，CARERE，CIDSE，ドイツ政府，オーストラリア政府，世界銀行	資金提供，技術支援，教師および職員研修，教科書と授業援助，インフラ，雑誌，図書館と教材センター，車，学校校舎と家具，調査，学校への助成金
■基礎的な技術訓練／より良い暮らし	職業・技術教育局，国家訓練委員会，ノンフォーマル教育局，女性・退役軍人局	UNESCO，国際労働機関，ドイツ連邦政府技術協力機関, APHEDA, Tabitha and Maryknoll, Don Bosco，国連人口基金（UNFPA)，国連合同エイズ計画（UNAIDS), World Aids Foundation，アジア開発銀行	資金提供，技術支援，教員研修，研修教材，調査
■成人教育	ノンフォーマル教育局，女性・退役軍人局	国際連合教育科学文化機関（UNESCO)，国連開発計画（UNDP), UNICEF/Sida，アメリカ合衆国国際開発庁, SIDSE, CARERE, SIPAR，曹洞宗東南アジア難民救済会議（現SVA：シャンティ国際ボランティア会)，Redd Bama，その他NGO	資金提供，研修／教材の支給，識字キャンペーン，カリキュラム，教材開発，移動図書館サービスと教材センター，研究

出典：National EFA 2000 Assessment Group. & Ministry of Education, Youth and Sport（2000：p. 10).

らの資金により学校建設などのインフラ整備が進むことになった。表13は，教育分野別の援助機関と支援の内訳であるが，数多くの国際支援機関やNGOがパートナーシップになっていることが分かる。また，教育内容についても，社会主義体制から自由主義体制へ移行するなど，教育の復興が一層進んだ。さらに，1993年にはカンボジア憲法が制定され，教育を受ける権利が次のように保障された。

【カンボジア王国憲法】

第68条　国家は，公立学校において全国民に対して初等及び中等教育を無料で提供する。

国民は，少なくとも9年間の教育を受けなければならない。

国家は，パーリ語の普及及び仏教教育の振興を支援する。

出典：法務省ホームページ。

憲法においては，初等・中等教育の無料での提供と明記されたにもかかわらず，実際には学校で子どもの保護者やコミュニティからの寄付を募ったり，授業料という名目で学費を徴収したりするということが行われた[12]。

教育開発に関してはドナーやNGOのプロジェクトによって支えられていたが，全体的な支援の調整機能の欠如から実施内容は援助団体の意向に沿うことが多く，それぞれのプロジェクト同士のつながりは希薄でドナー主導といわれる状態であった。教育予算の不足や技術・人材不足からカンボジア政府にとってはドナーからの支援は重宝されたが，一方で，同じセクター内で異なるドナーが同じ内容を実施したりするなど効率の低さが目立った。1995年にはドナーの支援で5か年の教育計画（1995－2000）がまとめられ，教科書，インフラ，教員訓練などに関連して多額の支援が実施されたが，軍事衝突などの社会不安などもあって初等教育レベルの就学率や進学率は停滞したままであった（清水 2003）。

(12)　入学時に学校修繕費，スポーツ費として徴収され続けた（清水 2003）。

2　カンボジアの教育行政

（1）　カンボジアの教育システム

1975年までカンボジアの教育システムはフランス式を採用しており，6年間の初等教育，3年間の前期中等教育，4年間の後期中等教育の6－3－4制をとっていた。1979年には，政府は4年間の初等教育，3年間の前期中等教育，4年間の後期中等教育の11年制を採用したが，急激な就学者数の増加により1986年には5－3－3制に，そして1996年には6－3－3制に移行し現在に至っている。

現行の学校教育システムは，就学前（幼児）教育（幼稚園），小学校6年間，前期中等学校3年間，後期中等学校3年間，技術職業学校，高等専門学校（リセ卒以上），大学，大学院で構成されている。前期中等学校をコレージュ（College），後期中等学校をリセ（Lycee）と呼び，リセはコレージュを含んだ形態の学校，すなわち前期・後期中等教育一貫の6年間のプログラムを提供する学校も少なくない（羽谷 2009）。カンボジアでは憲法で小学校および前期中等学校（コレージュ）の9年間を無償義務教育とすることを定めており，前期中等教育（コレージュ）段階では進路が分岐することのない単線型教育を採用している（図5参照）。前期中等学校（コレージュ）および後期中等学校（リセ）の修了時には全国統一卒業試験が課される。この試験に合格すると，それぞれの段階で修了証が授与される。後期中等学校（リセ）には入学試験はなく，前期高等学校（コレージュ）修了証が入学資格となる。2002年度から，大学も入学試験を行わずに後期中等教育（リセ）修了証が入学条件となった。ただし，後期中等教育（リセ）卒業試験の場合，合格者は試験の結果により5段階にランクが付けられ，その結果が大学入学査定の基準になった（坂梨 2004）。

高等教育については，分野の学習内容によって2年から7年間の就学期間がある。大学では，学士のプログラムで4年間，医学や歯学においては7年間，

年齢	教育課程		学年		その他
24	高等教育				ノンフォーマル教育
23			大学院	職業技術学校	
22					
21			総合大学 専門大学		
20					
19					
18					
17	中等教育	後期	12年生	中等教育第二期終了資格試験	
16			11年生		
15			10年生		
14	基礎教育	前期	9年生	中等教育第一期終了資格試験	
13			8年生		
12			7年生		
11		初等教育	6年生		
10			5年生		
9			4年生		
8			3年生		
7			2年生		
6			1年生		
5	就学前教育		年長		
4			年中		
3			年少		

図5　カンボジアの教育システム

出典：西野（2009：p. 375）。

そして薬学や建築等については6年間の就学となっている。

①就学前教育

2007年度に制定された教育法第15条の中で，「就学前教育は教育システムの準備学習（段階）である」とされ，続く第16条においては，「国は，コミュニティ内の子どもの養護施設や家庭等で提供される0歳から就学前教育前までの乳幼児の養護と教育を支援する。就学前教育は小学校の就学準備のために初等教育前に始まる」とある（Royal Government of Cambodia 2007）。

カンボジアにおいては，就学前教育で学校教育や学校生活に慣れ親しんでおくことで，新1年生にスムーズに移行できるという期待から，EFAの中心課題である初等教育の完全普及に貢献するための就学前教育として重要な役割を果たしているといえる。図6は，2006／2007年以降の就学前教育を受けた新1年生の割合の推移であり，2012／2013年においては38%（うち，女子は40%）を占めている。この就学前教育の拡大は遅延入学の減少にもつながると期待されている（三輪 2014）。図7は，5歳児の就学前教育の就学率の推移であるが，

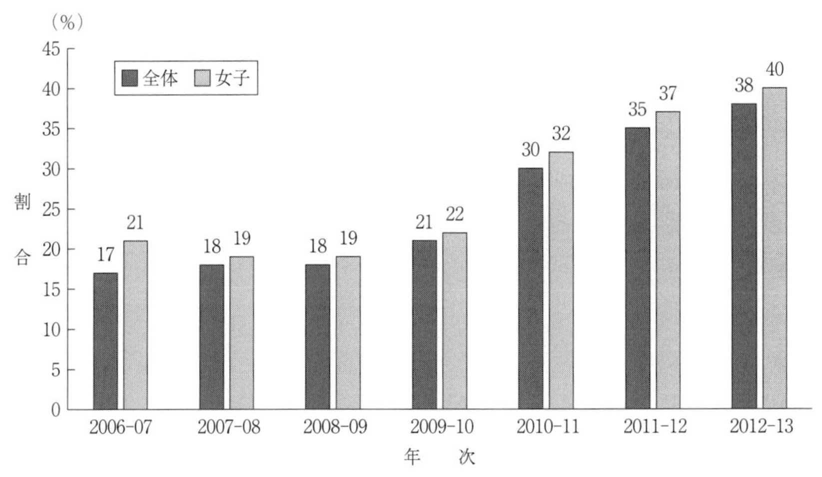

図6　就学前教育を受けた新1年生の割合の推移

出典：MoEYS（2014a）より著者作成。

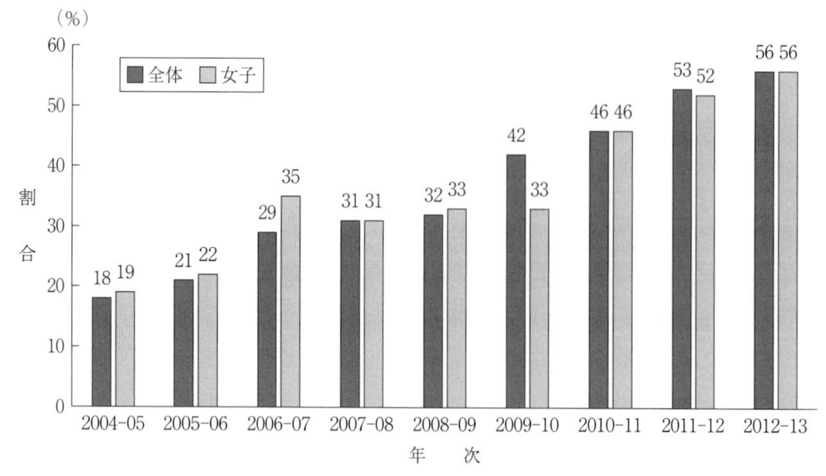

図7　5歳児の就学前教育の就学率の推移

出典：Royal Government of Cambodia（2014）より著者作成。

年々増加傾向にあり，2012－13年には全体・女子ともに56%となっており，半数以上の5歳児が次に示すような就学前教育を受けている。

就学前教育では，次の4つの幼児教育プログラムが行われている。1）公立幼稚園，2）私立幼稚園，3）地域幼稚園，4）在宅教育プログラム，である。

1）公立幼稚園

小学校の中に併設されている幼稚園と別の建物で独立した幼稚園がある。農村部の公立幼稚園の多くが小学校併設タイプを採用している。併設幼稚園は午前中のみで，保育時間は7時から10時または7時半から10時半までの3時間で，木・日を除く週5日間，10月から7月までの年38週間（合計190日間）行われている。なお，授業料は無料であるが，保護者からの寄付という形で教材費等を徴収する幼稚園もある（三輪 2014）。教師は，初等教育または就学前教育レベルの免許を持っている（Royal Government of Cambodia 2014）。

2）私立幼稚園

かつては主にカンボジアに赴任している外国人の子弟のためなど，国際コミュニティでの需要によって設備の整った幼稚園が運営されていた。しかし，国内での幼稚園の需要の高まりとともに，国内のカンボジア人に対しても開かれるようになった（三輪 2014）。

3）地域幼稚園

地域幼稚園は主に都市に集中している公立幼稚園へのアクセスが難しい農村部において実施されている。教師は資格を持っていないが，教育ユース・スポーツ省によって行われている研修に参加をしている。運営資金は，地域の区によって提供されている。場所は個人の家庭の軒下やコミュニティが用意した施設，地域の小学校や寺院によって場所の提供が行われるなどさまざまである（同前）。

4）在宅教育プログラム

在宅教育プログラムは，地域にある既存の人的ネットワークや相互扶助の慣習を活用しながら運営するものである。その特徴は，子育てに関する保護者の知識や能力を高めて，日常生活の中で保護者（主に母親）が環境を改善したり，自らの子どもに働きかけたりすることを通して発育促進を図る点である。コミュニティ内で0歳から就学前の子どもを持つ保護者や妊婦の数名からなるグループを複数組作り，各グループのリーダーもしくは複数のグループのリーダーとなる保護者が代表として短期の研修を受けた後，グループの保護者と定期的な会合を開き，乳幼児の保健衛生，栄養，医療，しつけ，発達促進などに関する知識や手法を指導しながら，保護者同士の学びあいを進める（同前）。

②初等教育

初等教育は6歳から12歳までの6年間である。2015年の学校数はカンボジア全土で7085校にのぼり，教職員数は5万6421人（女性教職員2万7573人）である。

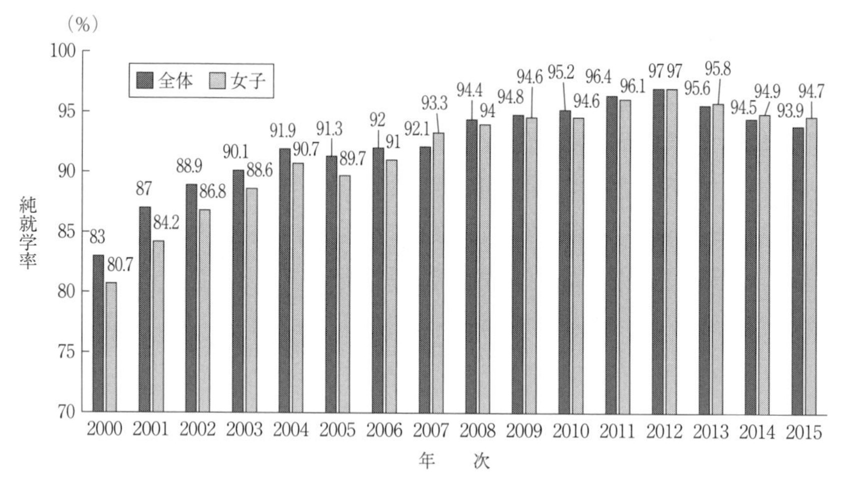

図８　2000年度以降の純就学率の推移

出典：MoEYS（2008，2009a，2010，2011，2012a，2013，2014a，2015），RGC（2014）より著者作成。

小学校では，基本的に午前と午後の二部制に分けられている[13]（MoEYS 2016）。

2015／2016年の粗就学率[14]は109.7％（女子109.0％）で，純就学率[15]は93.9％（女子94.7％）である（図８参照）（MoEYS 2016）。2012年度以降は女子の純就学率が高くなってきており，男女間格差が解消されたことが分かる。また，図９の通り，小学校の留年率は学年により異なるが，１年生が最も多く，学年が上がるほど減少する。６年間の平均は2015年度では，6.7％（女子5.3％）となっている（図10参照）。2000年に学年末の進級試験が廃止されて以降，留年率は減少してきているが，それでも０％には到達できていない。

小学校の退学率は2014年度においては6.2％（女子5.2％）で，2012年からは減少傾向にある（図11）。また，退学率は，留年率と相反して学年が上がるほ

---

(13)　地域に学校が少ない，または就学年齢児童が多い場合には，三部制の学校もある。

(14)　教育を受けるべき年齢の総人口に対して，年齢に関わらず実際に教育を受けている人の割合を指す。

(15)　教育を受けるべき年齢の総人口に対して，その年齢グループに属して教育を受けている人の割合を指す。

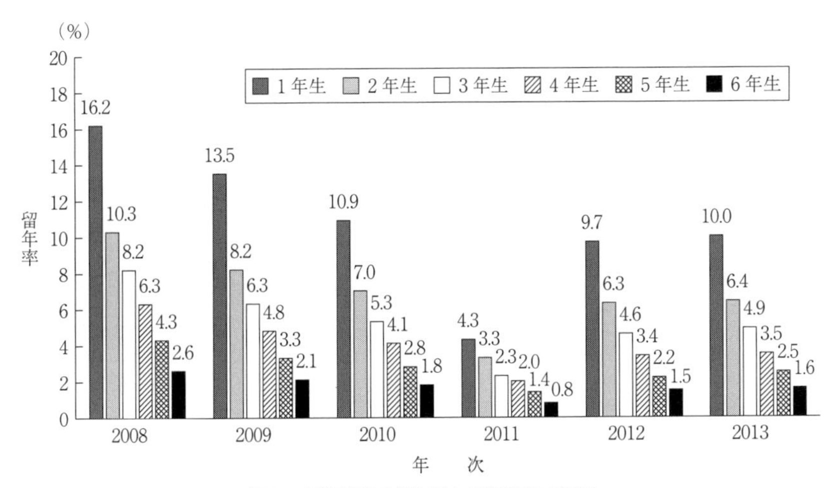

図9　初等教育の学年ごとの留年率の推移

出典：MoEYS（2010，2011，2012a，2013，2014a，2015）より著者作成。

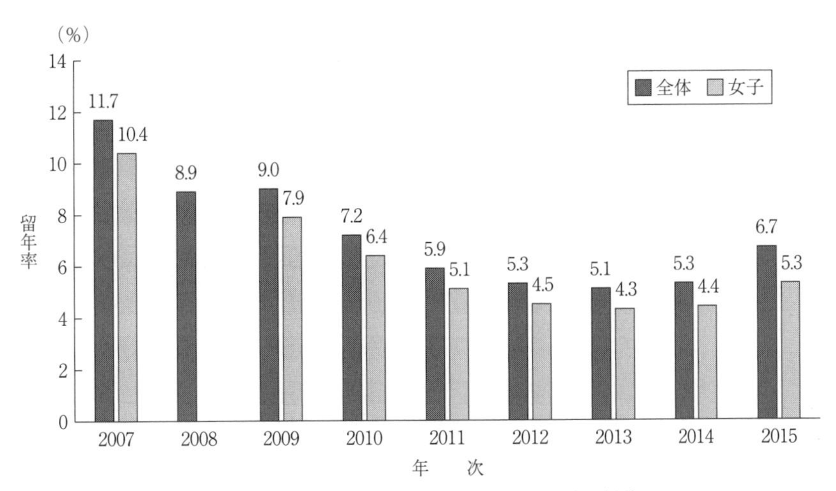

図10　2007年度以降の初等教育における留年率の推移

注：2008年度は女子データなし。

出典：MoEYS（2008，2010，2011，2012a，2013，2014a，2015）より著者作成。

ど高い傾向にある（図12）。農村部においては特に，6年生までの学年を提供していない不完全な小学校が全体の約1割存在する(16)。そのため，小学校が6年

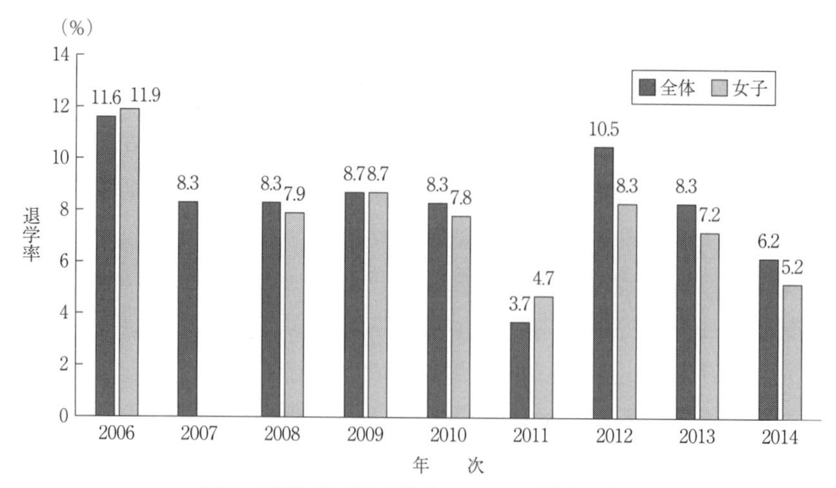

図11　2006年度以降の初等教育における退学率の推移

注：2007年度は女子データなし。

出典：MoEYS（2008, 2010, 2011, 2012a, 2013, 2014a, 2015）より著者作成。

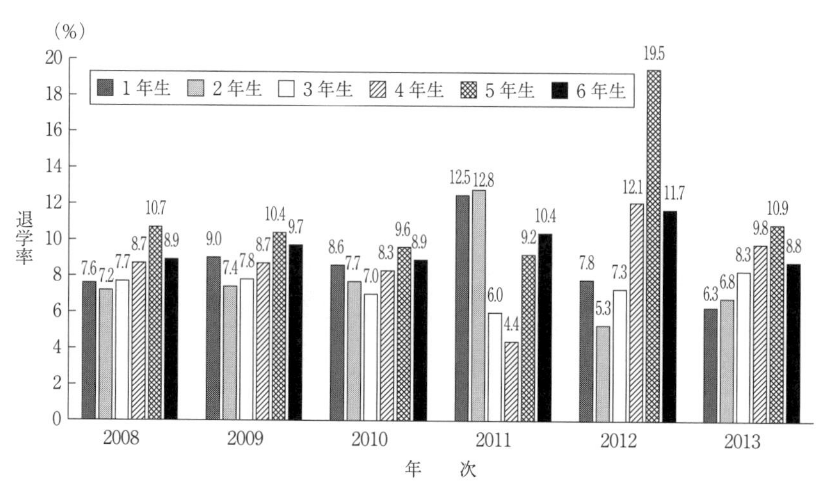

図12　初等教育の学年ごとの退学率の推移

出典：MoEYS（2010, 2011, 2012a, 2013, 2014a, 2015）より著者作成。

---

(16)　1年生までの小学校が0.4%，2年生が1.8%，3年生が2.0%，4年生が2.0%，5年生が3.0%となっている（MoEYS 2015：p. 11）。

生まで提供されていない学校に通っている子どもたちは，最高学年に到達した後に，別の小学校に行くことになるが，その学校が遠方にあったり，通うのが難しいと保護者が判断したりする場合には，そのまま学校を辞めてしまう子どももいる。また，女子の場合，学校設備の不備とも関連がある（インタビュー調査より）。学校にトイレが併設されていない場合，生理現象を我慢する必要が生じ，年齢が上がるほど女子の退学率が高くなる。そのほか，カリキュラムや教師を含めた教育の質の問題や，子どもたちの家庭の貧困問題，保護者の教育への理解や関心の低さなどが，退学率や留年率の原因として挙げられる。

カリキュラムは，1996年のものを基に2004年に「カリキュラム開発のための政策2005－2009」が策定されている。小学校（初等教育）のカリキュラムは，年間38週，45分授業が１日５コマ設けられる。表14の通り，必修教科はクメール語，算数，理科と社会科，保健・体育の５教科があり，それ以外に生活技能（Local Life Skill Program）が新たに加えられた。小学校前半の３年生までには，クメール語と算数を完全に習得することを目指している。４年生以降は理科と社会が独立した科目として授業が行われている。また，５－６年生には生活技

表14　小学校のカリキュラム

（単位：コマ）

科　目		1週間当たりのコマ数		
		1－3年生	4年生	5－6年生
必修科目	クメール語	13	13	8
	算　数	7	6	6
	理　科	3	3	3
	社　会		4	5
	保健・体育	2	2	2
	必修科目合計	25	25	25
生活技能		2－5	2－5	2－5（外国語を奨励）
全科目合計		27－30	27－30	27－30

注：１コマ45分。
出典：MoEYS（2004）より著者作成。

能の時間に外国語の授業を行うことも奨励されており，外国語教員を新しく採用するなど各学校に対応がゆだねられている。

生活技能は，学校が生徒の保護者や地域コミュニティおよびNGOと共同で実践する教科外活動であり，週当たり2コマから5コマが充てられる。生活技能のねらいは次の2つにある。第一に，生徒の保護者や地域コミュニティ，地域の組織及びNGOと共同することで，特に地域に根差した生活技能を学ぶ機会を提供すること。第二に，社会サービスなどの特別活動をカリキュラムに組み込むことで，児童の自尊心や責任能力を高めることである（MoEYS 2004）。例えばAIDS，性感染症，予防接種，排せつ，家計，車やバイクの修理，インターネットの利用など生活にかかわる知識・技能を身につけたり，外国語を介したコミュニケーション，大工仕事，畜産，農作業，電気機器の修理など職業技術と関わる技術を学んだりする（羽谷 2009）。

③中等教育

中等教育は，13歳から18歳までの6年間で，前期中等教育（コレージュ）の3年間（7学年から9学年）と後期中等教育（リセ）の3年間（10学年から12学年）に分けられている。学校数は2015年において，カンボジア全土でコレージュが1251校，10年生から12年生までのリセが463校の合計1714校に上り，就学生徒数は54万6678（うち，女子は27万5137人），教職員数は4万924人（うち，女性は1万6508人）である（MoEYS 2016）。小学校の数が7085校に対して前期中等教育は1251校と，6学年から7学年に進級するにあたり学校の数が5分の1以下に減少する。学校が遠方になることと，通学に対して時間と費用と労力がかかることが容易に想像できる。表15は，中等教育における純就学率と粗就学率の推移である。2015年の初等教育の純就学率は93.9％（女子94.7％）と目標達成の100％に近付いている。一方で，前期中等教育については2014年の粗就学率[17]が53.3％（女子55.3％）と目標達成には程遠い。2009年には粗就学率は58.1％（女

⒄　比較対象となる前期中等教育の純就学率のデータが不十分のため，粗就学率を用いる。

子57.1%）であるが，純就学率は31.9%（女子33.8%）でその差は26.2%，2010年には粗就学率が58.5%（女子57.8%），純就学率は35.0%（女子37.2%）でその差は23.5%，2011年には粗就学率が55.0%（女子55.0%），純就学率は35.1%（女子37.4%）でその差は19.9%と，粗就学率と純就学率に開きがある。つまり，留年や就学への遅れなどの事情で，就学年齢でない子どもが数多く在籍しており，内部効率性の低さが露呈している。また，前期中等教育の修了率は，2009

表15　中等教育における純就学率と粗就学率

（単位：%／（　）内は女子）

年　次	粗就学率	純就学率	粗就学率	純就学率
	前期中等教育		後期中等教育	
2009	58.1（57.1）	31.9（33.8）	32.3（29.2）	19.4（19.4）
2010	58.5（57.8）	35.0（37.2）	32.9（30.1）	20.6（20.5）
2011	55.0（55.0）	35.1（37.4）	30.6（28.9）	19.6（20.1）
2012	53.6（54.2）	N/A	27.4（26.4）	N/A
2013	53.3（54.5）	N/A	24.9（24.6）	N/A
2014	53.3（55.3）	N/A	24.2（24.6）	N/A

出典：MoEYS（2010，2011，2012a，2013，2014a，2015）より著者作成。

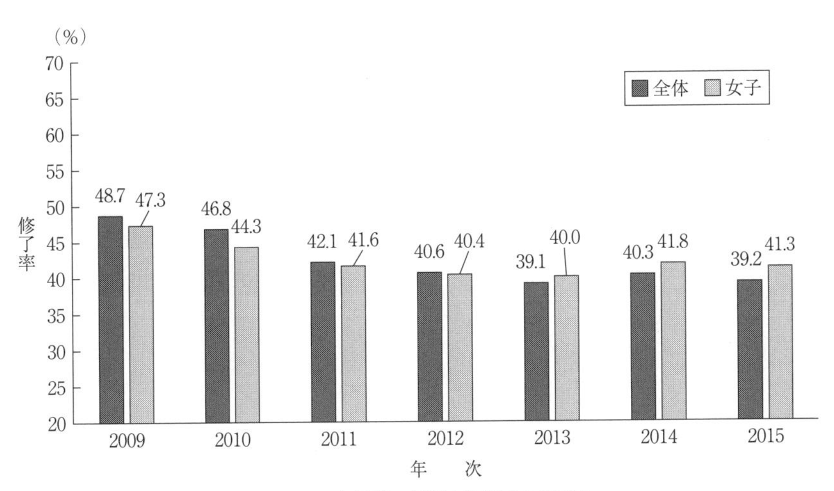

図13　2009年以降の前期中等教育の修了率

出典：MoEYS（2010，2011，2012a，2013，2014a，2015）より著者作成。

表16　前期中等学校7－9年生および後期中等学校10年生のカリキュラム

（単位：コマ）

科目		1週間当たりのコマ数
必修科目	クメール語	6
	数学	6
	理科	6
	社会	6
	外国語（英語またはフランス語を選択）	4
	体育	2
	必修科目合計	30
生活技能		2－5
全科目合計		32－35

注：1コマ50分。
出典：MoEYS（2004）より著者作成。

年の48.7％（女子47.3％）から，2015年の39.2％（女子41.3％）と減少している（図13参照）。就学率も修了率も，2012年頃から女子の比率が男子の比率を上回っており，ジェンダー格差が解消されている。

ダカール行動枠組みの6つの目標の一つに「2015年までの初等・中等教育の基礎教育の完全達成」がある。カンボジアにおいては初等教育の6年間と前期中等教育の3年間が基礎教育に当たるが，特に前期中等教育においては目標と現実において大きな差異があることが分かる。

また，後期中等教育については，粗就学率が2009年の32.3％（女子29.2％）から翌年の2010年には32.9％（女子30.1％）と増加したものの，その後は減少傾向にあり，2014年度の24.2％（女子24.6％）までに下がっている（表15参照）。しかし，2014年は全体よりも女子の粗就学率が若干高くなっており，前期中等と同様ジェンダー格差の解消がみられる。

カリキュラムについては，初等教育同様2004年に改訂されており，表16の通り，前期中等学校ではクメール語，数学，理科，社会，外国語（英語またはフランス語を選択），体育の6科目が必修科目である。初等教育と異なる点は外国語が必修科目となったことと，生活技能でクメールの音楽や踊りなどの芸術や職業技術を学ぶことである。1年間のカリキュラムは38週間と初等教育と変わりはないが，1コマ当たりの時間が50分と5分長くなる。

後期中等教育では，10年生はそれまでの前期中等と同様のカリキュラムであるが，11年生以降は表17の通り必修科目はクメール語，体育，外国語（英語またはフランス語を選択），数学，選択必修科目として理科（物理，化学，生物，地

表17　後期中等学校11－12年生のカリキュラム

（単位：コマ）

<table>
<tr><th></th><th>科　目</th><th colspan="2">1週間当たりのコマ数</th></tr>
<tr><td rowspan="4">必修科目</td><td>クメール語</td><td colspan="2">6</td></tr>
<tr><td>体　育</td><td colspan="2">2</td></tr>
<tr><td>外国語（いずれかを選択）</td><td>英語 4</td><td>フランス語 4</td></tr>
<tr><td>数学（いずれかを選択）</td><td>基礎 4</td><td>応用 8</td></tr>
<tr><td rowspan="7">選択必修科目</td><td rowspan="2">理　科</td><td>物理 4</td><td>生物 4</td></tr>
<tr><td>科学 4</td><td>地学 4</td></tr>
<tr><td rowspan="2">社　会</td><td>倫理・公民 4</td><td>地理 4</td></tr>
<tr><td>歴史 4</td><td>経済 4</td></tr>
<tr><td rowspan="3">職業技術</td><td>ICT 4</td><td>観光 4</td></tr>
<tr><td>会計・経営 4</td><td>芸術 4</td></tr>
<tr><td colspan="2">地域職業技術 4</td></tr>
<tr><td colspan="4">■数学（基礎）を選択した場合は選択必修科目から他 4 科目を選択する
■数学（応用）を選択した場合は選択必修科目から他 3 科目を選択する</td></tr>
</table>

注：1コマ50分。

出典：MoEYS（2004）より著者作成。

学），社会（倫理・公民，歴史，地理，経済），職業技術（ICT，会計・経営，地域職業技術，観光，芸術）である。必修科目の中でも外国語においては英語またはフランス語の選択，数学においては基礎または応用の選択の必要がある。数学で基礎を選んだ場合には，選択必修科目から 4 科目を選び履修し，応用を選んだ場合には，3 科目を選択し，合計 7 教科を学ぶ。

④高等教育

高等教育については，短期大学や専門学校にあたるカレッジ，公立・私立の大学，そして，王立アカデミーの 3 種がある。高等教育の需要は近年高まってきており，それにこたえるべく，私立の高等教育機関がたくさん新設されている。カンボジアでは1997年に国内最初の私立高等教育機関が設置された。2002年に高等教育機関設立法が成立し，私立高等教育機関は2005年に23校にまで増加した（羽谷 2009）。

私立の高等教育機関設置以前にも，授業料が無料である公立の大学において，授業料を払って受講するプログラムが実施されてきた。これらの授業料を支払って受講するプログラムは，公立の高等教育機関において，とりわけ教員の給料などの財政源の確保のためには，必須であると考えられる（Williams, et al. 2016）。

教育の質の問題については，2003年に政府は質保証のために「高等教育適格認定制度に関する勅令」を公布した。この勅令では私立高等教育機関も公立高等教育機関と同様に適格認定を受けることが定められ，また，カンボジア適格認定委員会（Accreditation Committee of Cambodia）が設置され，高等教育機関の適格認定が開始されている（羽谷 2009）。

（2） カンボジアの教育政策

1990年にタイのジョムティエンで開催された万人のための教育世界会議を受けて，1991年9月にプノンペンで万人のための教育国家会議が開催された。初等教育については，①2000年までの就学年齢の子どもの初等教育完全普及の達成，②子どもと社会のニーズにこたえるためのカリキュラムと教科書の改訂，③より多くの初等教育教員の確保，④適切な教材の提供，⑤教員養成を通して教員の教授技術の向上，⑥国際協力機関からの技術的・財政的援助を含めた国家資源の結集，の6つの到達目標が掲げられた。これを基にアジア開発銀行主導で「教育戦略計画（Education Strategy Plan：ESP）1995－2000」が策定され，その具体計画として「教育セクター支援プログラム（Education Sector Support Program：ESSP）1995－2000」が策定された。この「教育戦略計画1995－2000」は，基礎教育を重視しており，国家予算に占める教育予算を1994年の8.5％から2000年までに15％に拡大することが約束された。また，①就学期間を1年延長し6年制にすること，②純就学率を90％にすること，③男女間の教育格差の解消，④留年率を少なくとも10％程度に抑えること，⑤少なくとも85％の生徒が6年間の教育を修了できるようにすること，の5点が新たな到達目標として掲げられた。

また，教育セクターをより包括的にとらえ，効果的かつ効率的な支援を実施するためのセクター・ワイド・アプローチも導入された。

パリ和平以降のカンボジアの教育政策は国際援助によるドナーなしで語ることはできない。特に1990年代のカンボジアの教育政策は主に国際援助によるドナーが主導で行ってきた。その理由として，長く続いた内戦によりカンボジア政府は疲弊しており，自国の開発資金を賄うことができなかったため，ドナーにその財政依存をゆだねていたこと，そして，開発を進めるための政策立案にかかわる計画・実施の能力をカンボジア政府が持ち合わせていなかったことにある。そのため，各国政府やさまざまな国際機関によって数多くのプロジェクト形成が行われ，また，NGO のプロジェクトの実施が行われるなどプロジェクトの調整が求められた。

2001年までの援助機関と援助額は，国際機関ではアジア開発銀行が全体の16.0%を占める援助額を提供しており，国際機関の中で最も出資額が大きい（表18参照）。援助内容は，学校建設事業，基礎教育投資計画，中等教育投資計画，教育セクター戦略計画，教育戦略支援プログラム事業であり，包括的に援助を展開している。このような財政支援を背景に，計画省をカウンターパート機関として政策立案に積極的に関与したり，支援国会合の議長を務めたりするなど，カンボジアの国家開発の中心的な役割を果たしている。また，二国間援助で最も多くを占めている日本については，国際協力機構が2000年から「カン

表18　援助機関と援助額（2001年）

（単位：百万ドル／（　）内%）

	援助機関	援助額（割合）
国際機関	①アジア開発銀行	88.0（16.0）
	②世界銀行	75.0（13.7）
	③国際諸機関	45.0（ 8.2）
	④欧州連合	27.0（ 5.1）
二国間援助	⑤日　本	138.0（25.2）
	⑥オーストラリア	21.6（ 3.9）
	⑦アメリカ	20.0（ 3.6）
	⑧フランス	17.9（ 3.3）
	⑨ドイツ	17.2（ 3.1）
	⑩中　国	不　明
	⑪ロシア	
	⑫ベトナム	
	その他	

出典：羽谷（2006）。

ボジア中等理数科教育改革計画」を実施しており，高校の教員を要請する高等師範学校において，理数科の教員の養成を行っている（羽谷 2006)。

これらのドナー主導の教育セクターの改善を図るために導入されたセクター・ワイド・アプローチは，政府がオーナーシップを持ちながら，援助機関やNGOなどのドナーと協調し，開発プログラムを作成・実施する援助手法である。カンボジア政府が主導し，設定した目標に対して，どのプログラムにどの支援をドナーが行うのかなどといった調整が，カンボジアの教育政策の中で求められた。

表19は1991年のパリ和平講和条約以降のカンボジアの教育をめぐる動向と政策の変遷である。2001年には，教育改革の大綱案として「教育戦略計画（Education Strategy Plan，以下 ESP）2001－2005」が策定され，基礎教育，ポスト基礎教育，分権化，教育財政が重点課題とされた。その実行計画案として，「教育セクター支援プログラム（Education Sector Support Program，以下 ESSP）2001－2005」が発表された。さらに，国家政策開発計画（The National Strategic Development Plan 2006－2010)，EFA の国家目標，そして，ミレニアム開発目標を達成するために，また，「ESP 2001－2005」を改めて更新するために「ESP 2006－2010」，およびその実行計画案として「ESSP 2006－2010」が策定された。「ESP 2006－2010」では，引き続き基礎教育に重点を置き，教育への公平なアクセスの確保，教育サービスの質と効果を高めること，そして，分権化のための制度開発と能力向上を優先分野とした。2007年からは，国連児童基金（UNICEF）が推進する「チャイルド・フレンドリー・スクール（Child Friendly School)」を導入し，子どもを中心とした学校運営と地域と連携した学校づくりを行うことを目指した。当初，「ESP」および「ESSP」は5年ごとに改訂することが予定されていたが，教育状況の変化に対応させるために5年以内での改訂となるなど，柔軟な政策がとられている。

2009年からは，「ESP 2009－2013」そして，「ESSP 2009－2013」が実施されている。「ESP 2009－2013」では，EFA の2015年までに基礎教育充実を実現するために，質の高い教育へのアクセスに重点を置くと同時に，早期教育，

表19　カンボジアの教育をめぐる動向と政策の変遷

年度	国内の動向	教育セクターの動向	教育をめぐる政策
1991	カンボジア和平パリ国際会議		
1992		クラスター制度の試験的導入	
1993	憲法制定		
1994			「教育セクター投資枠組み1995－2000」
1995			
1996		6－3－3制採用	「教科書マスタープラン1996－2001」
1997			「教授サービス開発のための戦略計画1997－2002」
1998			
1999	ASEAN 加盟・憲法改定		SWAp の枠組み
2000		PAP の導入	
2001			「教育戦略計画2001－2005」・「教育セクター支援プログラム2001－2005」
2002		学校支援委員会設置	「万人のための教育国家計画2003－2015」
2003		学校登録料の廃止	「高等教育適格認定制度に関する勅令」
2004	ノロドム・シハモニ王即位	カリキュラム改定	
2005			「教育戦略計画2006－2010」・「教育セクター支援プログラム2006－2010」
2006		教員養成プログラム改定	
2007		教育法の制定 CFS の導入	
2008			
2009			
2010			「教育戦略計画2009－2013」
2011			
2012			
2013			
2014			「教育戦略計画2014－2018」
2015			

出典：著者作成。

表20　各 ESP の目標の比較

	ESP2001－2005	ESP2006－2010	ESP2009－2013	ESP2014－2018
目標	・基礎教育 ・ポスト基礎教育 ・分権化 ・教育財政	・教育アクセス ・質・効果 ・分権化・能力育成	・教育アクセス ・質・効果 ・分権化のための教育 ・スタッフの能力育成	・教育アクセス ・質と適正 ・分権化のためのリーダーシップとマネジメント

出典：MoEYS（2001，2006，2009b，2014b）より著者作成。

ノンフォーマル教育，技術・職業訓練の拡大，中等教育とそれ以降の教育へのアクセスの機会拡大を目指した。そのために，政府，開発パートナー，民間，非政府組織，そしてコミュニティや保護者との連携を継続かつ強化してきた。しかし，2015年の EFA の基礎教育の完全達成の見込みとは程遠い状況を踏まえて，現在実施されている「ESP 2014－2018」では，全ての子どもたちに教育への公平なアクセスの確保，質の高い子どもたちに適した教育サービスの拡大，そして，分権化政策において全ての教育関係者のリーダーシップと管理能力の向上に重点が置かれている（表20参照）。

（3）　カンボジアの教育行財政

1993年10月にカンボジア新政権は，1991年に創設された3つの省，教育ユース・スポーツ省，高等教育ユース・スポーツ省，スポーツ省を統合して，教育ユース・スポーツ省を設立した。現在は，合計7局とその他の部署で構成されている（図14参照）。1993年までは，教育分野は地方政府である州・特別市が地域の教育に関する権限を持っており，教育ユース・スポーツ省は教育学的な専門的機能の役割を担うだけであった。しかし，地域による差や機能的な問題を解決するために，1993年改正では教育に関するほとんどの権限が地方から中央の教育ユース・スポーツ省に移管された。この改正によって，全ての歳入は中央へ集められ，そこから州・特別市に分配されることとなった。そのため，現在，地方は教育に関する財政的な自治権を持っていない。州・特別市は予算案を作り教育ユース・スポーツ省へ送り，教育ユース・スポーツ省はそれを検討

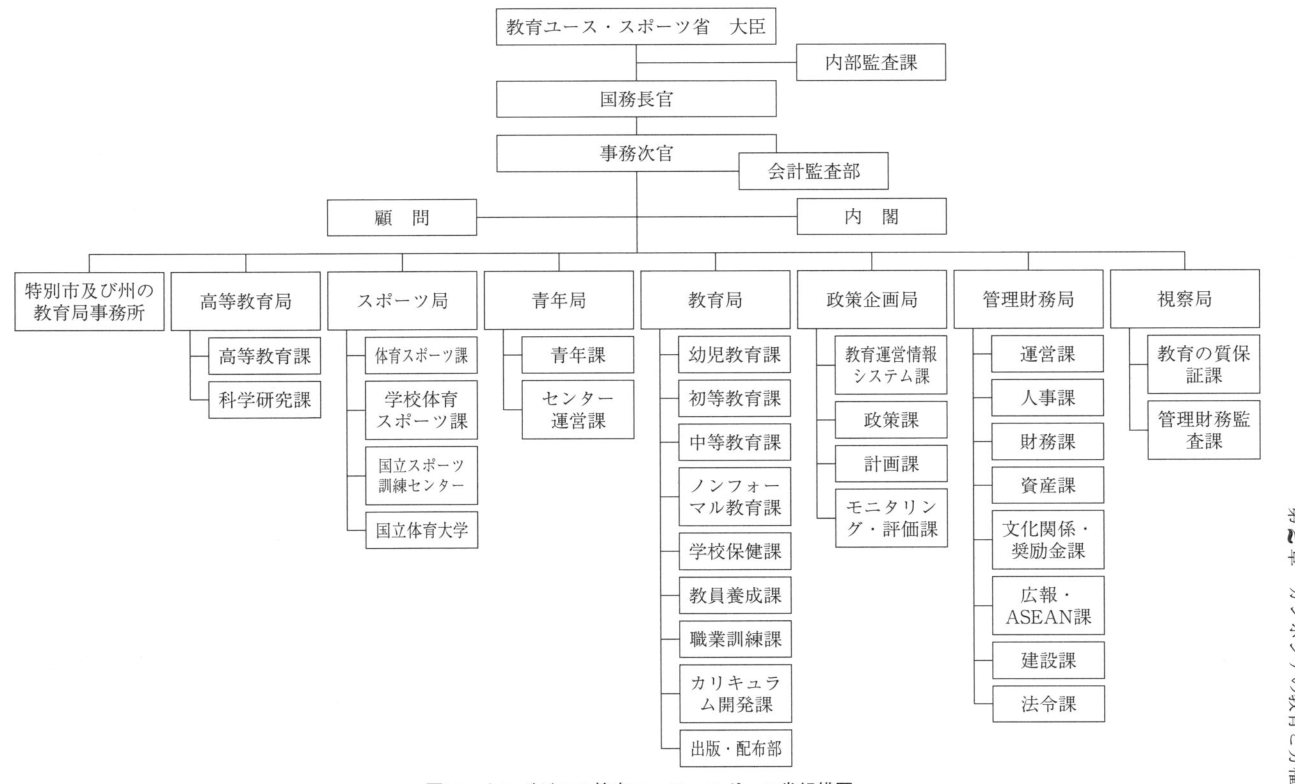

図14　カンボジアの教育ユース・スポーツ省組織図

出典：MoEYS's Structure, MoEYS提供資料。

し財務省に予算要求を行う。財務省は最終的に教育ユース・スポーツ省と州・特別市政府に年度予算を配分するという流れになっている（ラタ・西野 2007）。

教育ユース・スポーツ省の予算は，大きく4分野に分かれている。州と郡における教育行政，州と郡の教育関係者の人件費，州と郡の教育関係者の社会保障と補助のための社会的介入のための費用，そして，優先行動計画（PAP）[18]である。PAPは，学校登録費や教材などといった学校運営・教育活動のための費用で，HIV/AIDSをはじめとする社会問題についての教育活動などの学習の強化や職業教育やインフォーマルな学び，小規模な学校修繕など幅広く使われている（Rusten et al. 2004）。

カンボジアでは，中央政府が財政を含めた多様な権限を保持しつつ，地方政府に権限を分権・分散させる分権化政策を採用しているが，このような政策は，近代的な国家の統治システムとして中央政府を強化していきつつ，決定過程への住民参加を促進し，公共サービス提供者と受益者を近づけることによってより効果的・効率的に貧困削減を達成するという現代的な開発アプローチ上の観点から1990年代に援助機関による強い要請によって進められてきた（岡島 2005）。

カンボジアは，2013年にコンポンチャム州の東部がトブンクムン州として新たな州になり，現在は24州（province）と首都のプノンペン特別市（municipality）の合計25に行政区分されている。2008年のカンボジア王国人口センサスによると，州の下は159の郡（district）と26の市（city）に分けられ，次に1417のコミューン（commune）と204の地区（Sangkat）に分けられており，行政区分は三層から構成されている（岡島 2005）（統計局ホームページ資料）。なお州および市は，自治体ではなく中央政府の出先機関である。図15の通り，教育行政においては，州の教育局は，中央政府が決定した施策の実施機関としての役割を担っており，その下部組織として郡教育局がある。区は教育局を持っておらず，郡の教育局の中で1人ないしは2人が区の担当者として学校と行政を結ぶ役割

(18) 2006年よりProgram Based Budget（PB）に移行している。

図15　カンボジアの行政構造と教育行政

注：自然村は行政レベルで明確に区分けされたものではなく，便宜上区の中で区分けされたものである。
出典：岡島（2005, p.6），General Population Census of Cambodia（2008）より著者作成。

を担っている。

教育ユース・スポーツ省は，主に国家教育開発計画の策定，カリキュラム開発，教科書の作成および配布，教員養成に関する技術的な援助，教育統計の整理，教員の管理等を行っている。地方教育局は生徒の管理，選抜試験，教員養成，教員の臨時赴任などに関しての責任を持つ。学校設備の大部分は地方官庁の管理下に置かれるが，小学校の設置については地方教育局が責任を持っている（ラタ・西野 2007）。

（4）カンボジアの教育における SBM

カンボジア政府は「ESP2000－2005」をはじめ，「ESP2014－2018」に至るまで，分権化を重点課題の１つとして，権限の分散移譲と，地方分権のための能力育成に特に力を注いできた。また，学校の自律性を高め，地域住民の参加を促進し，地域に根付いた教育を進めるためにSBMを導入し，①「クラスター制度」，②「プログラム・バジェット（Program Based Budget，以下 PB），および③「学校支援委員会（School Support Committee）」の設置に取り組んできた。

①クラスター制度

Bray（1987）によると，学校クラスターは「運営と教育目的のための学校の

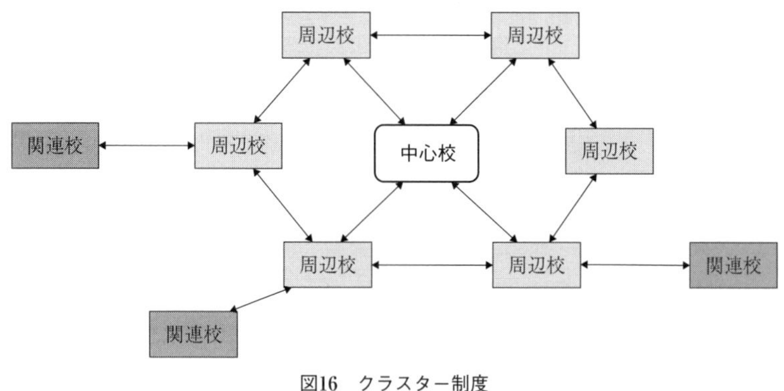

図16　クラスター制度

出典：Bray（1987).

グループ化」と定義される。

カンボジアでは，1993年にスウェーデン国際開発庁による資金援助を受け，ユニセフの協力体制の下，学校クラスター制度が導入された。クラスター制度は，同じ地域の6校から8校の学校で1つのクラスターを構成し，クラスター内で情報やリソースを共有している。カンボジアでのクラスター制度の導入は，初等教育の就学率，質・運営能力の向上，学校間における教育内容の差異の緩和，無駄な消耗品の削減，地域住民の関心の喚起，地域住民の識字率の向上を目的としている（Pellini & Bredenberg 2015)。

クラスター制度では，比較的規模の大きい，また，交通上便利な場所にある学校がクラスターの中心校（コア・スクール）となり，中心校はそのほか周辺校（サテライト・スクール）と呼ばれる学校を統括する（図16参照)。周辺校は，6年生までの学年を持たない学校（関連校）とつながりを持つ。中心校には教員のための資料・研修室が併設され，教材開発，教授法の開発，授業内活動の研修などが行われている（遠藤 2001)。

主に中心校（コア・スクール）に設置された村長や僧侶，区長などから構成されるクラスター委員会（Local Cluster School Committee：LCSC）によってクラスター校内でのさまざまな取り組みが実施されている。2015年では小学校7085校が1264クラスターを形成している（MoEYS 2016)。

②プログラム・バジェット

2000年から優先行動計画（Priority Action Program，以下 PAP）が開始された。これは，貧困家庭の負担を減らし，基礎教育の就学率をあげること，そして基礎教育の内部効率性を向上させ，児童が初等教育の１年から６年までの短期間に，効率的に修了することを目的として導入された。PAP は，まず，10州で100億リエル（２万5000ドル）が投入され，試験的に行われた。2001年からは対象を小学校全学年に拡大して全国で展開され，2004年からは750億リエル（18万7500ドル）が，対象項目を12項目に拡大して投入された（World Bank 2005）。それまでの政策が，教科書配布や教員養成など教育の供給側に立ったものであったのに対して，PAP は教育サービスの需要側に立った政策であったと言える。

2006年には，経済財務省は PAP から PB（Program Based Budget）に名称を変更し，PAP の12の財政支援分野（①教育サービスの効率，②初等教育の質と効率，③前期中等教育の質と効果，④技術職業教育と訓練の質と効果，⑤高等教育の質と効率，⑥教師教育，⑦教材と教科書開発，⑧ノンフォーマル教育の普及，⑨学校における AIDS 教育，⑩学校外における AIDS 教育，⑪能力育成と評価，⑫奨学金支給）を，①学校教育とノンフォーマル教育，②高等教育，③青年・スポーツ，④教育制度の質と効率，⑤教育行政支援の５項目に再編した。各分野での財源を柔軟かつ弾力的に用いることができる自由裁量が増した形となっている（羽谷 2009）。

PB の導入により，家庭からの支出負担の軽減と学校裁量の財源の確保が可能になった。PAP が導入される以前は，各学校には予算は配分されておらず，学校は児童の保護者から学校登録料や授業料と称してお金を徴収し，これらに充てていた。Bray（1999）によると教育の総支出の内，家庭やコミュニティからの支出が占める割合は59％と，政府の11％，政治家の10％[19]，ドナーや NGO の19％の合計を上回っている（図17参照）。そもそもカンボジアの貧困家庭の多

⒆　1990年代のカンボジアにおいては，政治家が学校建設費を出すケースは，この年代の他の国に比べると多く，これらの政治家のほとんどがすでに政治的なリーダーとしての地位についていた（Bray 1999）。

くが経済的理由から子どもを学校に通わせることができないうえに，学校登録料や授業料などの支出は彼らにとって大きな負担となっていた。そのため，PAP の導入によって，就学率が上がったことは大きな功績であると言える。

また，学校は生徒１人当たり7000リエル（1.75ドル）から8000リエル（２ドル）を受給することになり，その使途は学校の裁量で決定することができるようになった。PB は，教職員の給与を除く学校運営費に充てられる予算で，そ

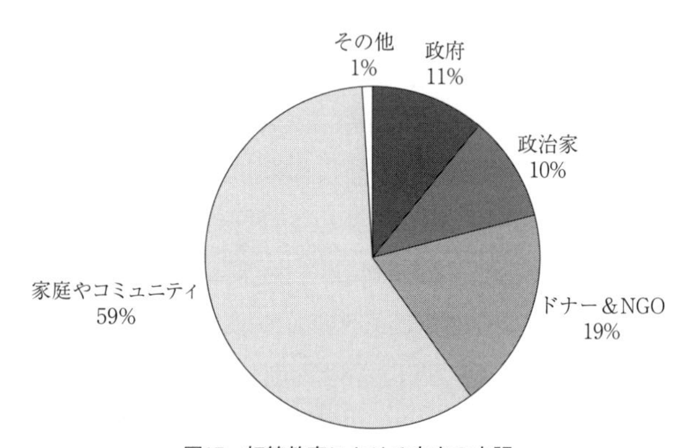

図17　初等教育における支出の内訳

出典：Bray（1999）.

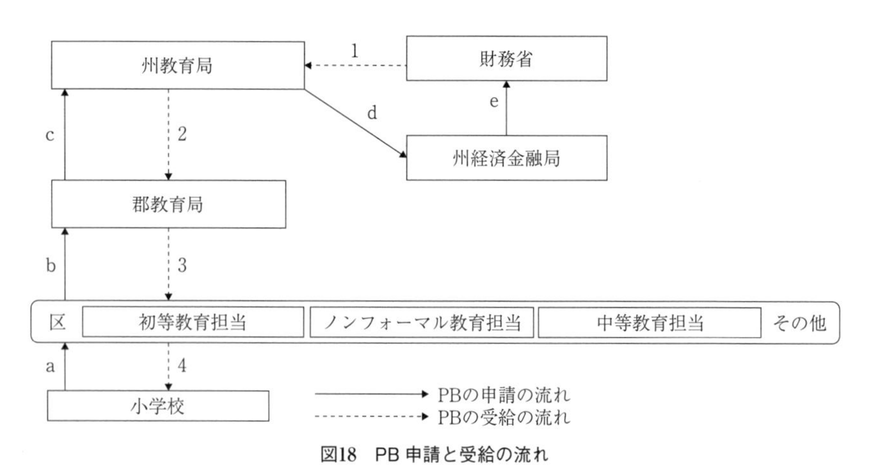

図18　PB 申請と受給の流れ

出典：カンダール州教育局長インタビューより著者作成。

の使途は，主に紙やフォルダー，ペンなどの文具，黒板や机やいすなどの教育活動に必要となる基本的な道具，学校環境の整備，修理修繕，生活技能の教材，水や衛生環境整備，水道光熱費，試験のための書類作成，その他に使うことができる。PB を受給するためには，校長，教職員，学校支援委員会などで構成された PB 委員会で PB のための予算策定をし，学校支援委員会の承認の上で，区の教育担当者を通じて郡の教育局に学校年次計画と共に申請する（図18参照）。

しかし，必ずしも予算申請した金額が全額支給されるわけではない。De Jong, et al.（2013）の調査では，PB の申請金額の65％しか支給されていないことが明らかとなっている[20]。また，生徒数の少ない規模の小さな学校では PB の予算額も少ないため，地域の寺院での祭事で寄付を募ったり，保護者に寄付を依頼したりするなど，地域コミュニティからの資金集めは PB 導入後も行われている[21]。このほか，国内外の NGO などからの資金や生徒たちが授業時間外で購入する売店でのスナックの売り上げなどが学校独自の資金として学校裁量で使うことができる。

表21　カンボジアの教育予算とそれに占める PAP および PB 予算

年　度	カンボジア国家費における教育予算比（%）	教育予算（100万ドル）	PAP 予算（%）	PB 予算（%）
2000	13.7	45	5.5	
2001	15.7	55	12.7	
2002	18.2	71	26.2	
2003	18.3	80	23.8	
2004	19.5	91	23.8	
2005	18.5	91	26.9	
2006	18.3	110	26.4	
2007	19.2	130		23.1
2008	18.1	148		20.3
2009	17.0	176		17.1
2010	16.4	196		15.9
2011	16.6	218		15.2

出典：カンボジア教育ユース・スポーツ省・財務局資料（2011年8月）。

表21は，カンボジアの教育予算とそれに占めるPAPおよびPB予算の表である。教育予算が2006年以降増加しており，割合は低いものの，PB予算額は増加している。

③学校支援委員会

カンボジアの初等教育および前期中等教育において，学校と地域との連携を強化するために2002年から学校支援委員会（School Support Committee：SSC）が設立されている[22]。学校支援委員会の設置については，カンボジア教育ユース・スポーツ省の大臣令（Ministry of Education, Youth and Sport. Guideline on the Establishment and Functioning of the Primary School Support Committee. No. 30 AYK. SCN. 2012.）として公布されている。

> ESPの目標である基礎教育の質と効果を高めるため，学校がすべての国民にとっての資産であるという認識から，地域住民には学校の保護と発展のために参加が求められている。したがって学校支援委員会は，地域住民の代表として公的に認められた立場から学校と連携することが必要とされている。
> 学校支援委員会は学校との調整や学校の発展においてコミュニティの代表としての委員会である。必要に応じて代表，副代表と委員で構成される。
>
> （MoEYS 2012b）

学校支援委員会は，各学校の規模に応じて5人から9人，場合によってはそれ以上の人数で構成され，その委員は学校外部から僧侶の長，僧侶，長老，保護者，あるいは地元の権威者など，学校内部から学校長，副校長，教員で構成されている（表22参照）。学校支援委員会は，地域で影響力のある人，民間の支援者，または前回の委員という条件の候補者から，新学期が始まる1か月前に

---

(20) 都市部では62.4％，農村部では69.8％となっている。

(21) PB以外で（学校独自の収入，コミュニティ，政府からの建設費用，海外支援，NGOから）資金提供を受けている学校の中で，コミュニティからの資金で提供があった学校は55％にも上る（MoEYS 2016）。

(22) 2002年以前にも任意で保護者会（Parental Association）を設置する学校もあったが，2002年以降の学校支援委員会は設置が教育ユース・スポーツ省によって義務付けられている。

選挙で選ばれる。学校長は，教師の中から適切な人選の上，選挙委員を立ち上げ，選挙を実施する。また，委員長，副委員長，委員が名誉委員長，アドバイザー，会計，財務そして書記を選ぶことになっている。学校支援委員会は区長

表22　学校支援委員会の構成員とその役割

学校支援委員会	人　数	適任者	役　割
名誉委員長	1	地域の権威者（区や村の長および議員）または僧長，民間の支援者	学校支援委員会の運営補助と意思決定への参加，学校の諸問題の解決のための助言
アドバイザー	1－3	学校長，元教育局職員，長老，コミュニティの代表，地域の権威者	学校側への対応・財政資源の提示，学校支援委員会に関する運営，リーダーシップ，技術的なアドバイス
委員長	1	元教育局職員，寺委員会委員，アチャー（祭司），民間の支援者，コミュニティの代表，児童生徒の保護者の代表，いずれも影響力のある人	委員会の業務の運営，主導，管理 学校長との連絡・寄付活動の主導
副委員長	1－3	元教育局職員，寺委員会，アチャー（祭司），民間の支援者，コミュニティの代表，児童の保護者の代表，いずれも影響力のある人	委員長の補佐
会　計			政府費以外の財源の確保 （細かな出入費の記録・出入費の管理・収支報告）委員長によって命じられた業務の遂行
財　務			政府費以外の財源の確保 （お金の管理・収入・支出管理・収支報告書作成）委員長によって命じられた業務の遂行
書　記			会議の時間管理，委員会の報告書や書類作成・委員会の書類保管・委員長によって命じられた業務の遂行
委　員	2－4	元教育局職員，寺委員会委員，アチャー（祭司），民間の支援者，コミュニティの代表，児童の保護者の代表，いずれも影響力のある人	委員長によって命じられた業務の遂行

出典：MoEYS（2012b).

の下で公的に組織された委員会である。

委員会の役割は，①学校計画の取りまとめ，施行，モニタリング，②子どもたちの就学登録，③児童の学習のモニタリング，④運営資金の収集，⑤学校の建設，修繕，維持，⑥経験と生活技能の提供，⑦学校内外での変則的な事柄への対応，⑧学校の発展に関する能力や意識の向上，の８項目ある（表23参照）。その多くが「参加する」や「協力する」「協働で行う」となっており，学校支援委員会が自ら行う事業は「４．運営資金の収集」と「６．経験と生活技能の提供」である。この他に，学校支援委員会は各学校に支給されているPBの予算申請のための学校の年度計画作成と収支報告の確認と承認が求められている（Pak 2006）。PBの支給には，学校の教職員とともに保護者や学校支援委員会を含むメンバーで構成されるPB委員会による予算計画と学校改善のための学校の年次計画の提出が義務付けられている。それにより，各学校は予算の使途を決定する権限が与えられ，PBの支給によって校舎の修理や教育に関する備品の購入が可能となる。学校支援委員会メンバーはこのPB委員を兼任しており，学校に支給される予算の使途についてのチェックをすることにより，学校行政の透明性を高めることが期待されている[23]。

学校支援委員会は新学期開始前，最初のセメスター終了時，年度末の少なくとも３回の会議が行われる。総会は，少なくとも１年に１回，新年度開始前に開かれ，学校スタッフ，保護者，地域の有権者などが参加する。総会は，少なくとも３分の１の保護者が集まれば開催される。年次総会とは別に，緊急や特別なケースの場合には，学校支援委員会が特別総会を開催する。新年度開始前に開催される年次総会では，学校支援委員会の委員の選出，学校の年次報告と会計報告が行われる。学校支援委員会の定例会議は，毎月開催され，必要に応じて臨時会議も開催される。

---

(23) しかし，学校支援委員会委員がPAP（PB）の内容について十分周知していないことが明らかになっている（Pak 2006，De Jong et al. 2013）。

表23　学校支援委員会の役割

1．学校計画の取りまとめ，施行，モニタリング
学校開発計画の取りまとめに参加する
学校開発計画の施行，モニタリングに参加する
校長と協働で地域の投資計画およびその他の活動などを包括的に学校開発計画に組み込む
2．子どもたちの就学登録
全ての子どもたちを就学登録するためのキャンペーンの実施に協力する
子どもたちの就学を促すために，住民に対する呼びかけに協力する
3．児童の学習のモニタリング
児童の親や保護者に対して，教育についての助言を行うことに協力する
校長や教師と密接な連携をとり，児童の学習のモニタリングを行う
校長，教師，児童の出欠席，児童の月間・セメスター・年度末の学習達成について話し合う
食べ物の安全や健康などの分野において学校での健康促進に貢献する
4．運営資金の収集
学校の発展のための資金調達の会議を実施する
資金の使用に関する調整に参加する
5．学校の建設，修繕，維持
学校に対する物品や資金の協力の呼びかけを行う
学校校舎建設の際の労働提供と現場監督を行う
学校設備や建物などの学校環境の維持と改善の援助をする
6．経験と生活技能の提供
生活技能の助言と教授を行う
基礎的な生活技能や技術指導の協力を地域住民に求める
経験や生活技能について記録する
7．学校内外での変則的な事柄への対応
学校周辺での迷惑行為を控えるよう地域住民に助言をする
教師に従わない児童に助言するとともに保護者に連絡をする
学校内外で起こる問題への対応を手伝う
8．学校の発展に関する能力や意識の向上
学校とコミュニティとの連携を強化する
地域で行われている研修チームと協働する
学校開発に関する研修に参加する
他学校での学校支援委員会の活動の情報交換のための勉強会に参加する

出典：MoEYS（2012b）.

3　カンボジアの教育における住民参加

（1） カンボジアにおけるコミュニティの定義

コミュニティの定義について，Bernard（1968）は，コミュニティは経済，政治，宗教，民族，教育，法律，社会などの統合された機能的なサブシステムであり，内的に結びついた集合体，または，領土的な境界を持った社会システムであると述べている。UNESCO（1991）は，共有の利益を持ち，共有のゴールを目指してともに働く人々のグループであり，一定の地域に住んでいる人々を代表して地域がコミュニティとして言及されるとしている。また，コミュニティの特徴やタイプについて，Wolf et al.（1997）は，コミュニティが持つ共通の特徴を次のように挙げている。利益と関心を共有するネットワーク，抽象的もしくは，物理的な基礎を持つ，狭い意味での「世帯」を越えた広がり，同様のグループと自らを区別する何か。これらは，多様なコミュニティを認めつつも，コミュニティを１つのタイプにまとめようとしたことに対して，Bray（2001）はコミュニティを次のようにタイプ別に分類している。村や区などの小さな地域に暮らす個々人の集まりを指す「地域的コミュニティ」，民族や人種でまとまったメンバーで構成する集まりを指す「民族，人種を基礎としたコミュニティ」，共通の宗教の宗派を信仰するメンバーの集まりを指す「宗教的コミュニティ」，保護者会やPTAなど，子どもについての共通の関心を持つ保護者で構成される「家族の関心を共有するコミュニティ」，NGOなどのチャリティなどの慈善活動や政策的な組織によって運営される「共通の慈善に基づいたコミュニティ」である。

本書で扱うカンボジアの学校支援委員会においては，地域住民の代表や保護者代表が学校支援委員会の委員として学校の意思決定を含む学校運営に関わっており，委員の中には，地域住民の代表として村長や区長，また会社経営者や農家の地域住民，僧侶やアチャー（祭司），寺委員会の委員を務める寺院関係者，そして子どもの保護者，学校に勤める教員がいる。つまり，地域コミュニティからの委員，寺院コミュニティからの委員，そして，学校コミュニティからの委員がそれぞれの役割を持って構成している。そこで，Bray の分類にしたがって学校支援委員会に関わる人たちをを分類するコミュニティについて以下の様に定義付けをしておく。

①地域コミュニティ

一般的に地域コミュニティは，同地域に暮らす人々の集まりと定義されるが，カンボジアの場合には，必ずしもこれが当てはまらない。というのも，カンボジアでは，行政単位での地理的範囲の最も小さな単位は「区」と呼ばれる下位組織「自然村」の集合体である。行政制度上は，政府からの通達などは，区長から各村の村長に伝えられ，村長から地域住民に集会や口頭で伝えられることになっている。しかしながら，区長や村長の統率力はさまざまであり，また，ポル・ポト政権後に新住民として強制移動を強いられた人たちや国内外難民となって新たな地で暮らす人々，地方から小作人として農繁期だけ仕事を求めてくる人など，その事情はさまざまなため，地域によっては村長を知らない，集会に一度も行ったことがないなどということは珍しくない[24]。また，カンボジアでは，ポル・ポト政権下で人々の信頼をそぎ落とす政策がとられたことからも，地域での相互扶助の活動が活発ではなく，親族以外の地域の人々のつながりも薄い。地域コミュニティで助けあうというよりも，区レベルの連絡事項や寺院からの連絡事項を村の代表である村長が村の住民に連絡したりする以外は地域コミュニティとして特別な活動はない。本書ではこの自然村を「地域コミュニティ」とするが，カンボジアにおいては，単なる地域の住民の集合体であることに留意しなければならない。

(24)　現地調査での村民からのインタビュー調査より。

②寺院コミュニティ

カンボジアの伝統的村社会の中で，上座部仏教を信仰するカンボジア人にとって，心のよりどころとなっている寺院の存在は重要である。寺院は，精神的な信仰のみならず，地域の道路，学校修理など社会的にも重要な役割を果たして地域に貢献している。カンボジアでは宗教行事とは別に，目的に応じて祭りを開催し寄進を募ることもしばしばある。カンボジアでは学校の費用を集めるために寄付金集めを行っている。学校が独自で行うこともあるが，寺院が中心となって学校への寄付金を募ることが多い。

カンボジアの寺院に集まる人々は必ずしも，その寺院の周辺に暮らす人たちだけではない。いくつかの寺院を回る人もいれば，あえて遠方の寺院に信仰を持つ人もいる。寺院を中心とした周辺地域住民のために使われる寄進は，周辺地域に暮らさない人々からの信仰によって成り立っている。したがって，伝統的な寺院を中心としたコミュニティを定義付ける際，地域的な区分は容易ではなく，むしろ，信者を含めた寺院と関わりのある人々の集まりと定義付けることができる。

僧侶やアチャー（祭司），寺委員会の委員が学校支援委員会を兼任していることが多々ある。それは，カンボジアが寺院を中心としたコミュニティを形成しており，僧侶やアチャー（祭司）などの寺院に関わる人たちが，地域住民にとって影響力があり，また誰もが知っている人であるからである。これは寺院を通じての寄付金集めを行うのに連携がとりやすいためであると考えられる。

③学校コミュニティ

カンボジアでは，もともと寺院による寺子屋で男子が学んでいた。近代教育の導入によって初等教育学校が拡大したが，現在でも境内に初等教育学校が併設してある寺院も少なくない。カンボジアの学校には学区はない。各村に学校が必ずしもあるとは限らず，村や区を越えて学校に通うのが一般的である。また，最も近い学校を選択するとも限らないため，子どもの通学範囲は非常に広いのが現状である。したがって，同じ学校に通う子どもたちや保護者が，必ず

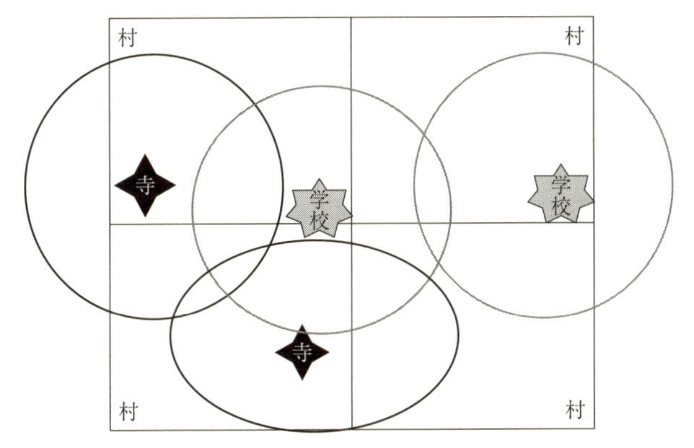

図19　カンボジアのコミュニティの概念図

出典：著者作成。

しも同じ地域に住んでいるとは言えないため，地域コミュニティと学校コミュニティが同じとは限らない。本書では，学校コミュニティは，学校の教職員，学校支援委員会の委員，保護者を含む地域住民が関わるコミュニティとする。

図19は，カンボジアのコミュニティの概念図である。1つの区は4村ほどで構成される。各村に必ずしも学校や寺院があるわけではなく，村や区をまたがってそれぞれのコミュニティが形成されている。また，学校においては学区制がないことから，子どもたちは必ずしも近い学校に通っているとは限らない。このように，カンボジアでは，行政区の下に，地域コミュニティ，寺院コミュニティ，学校コミュニティが重なり合って存在していることに留意しなければならない。

（2）　参加の概念と地域コミュニティの学校参加

1960年代の米国においてそれまで概念として薄かった市民参加についてArnstein（1969）は表24のように市民参加の段階を示して説明している。Arnstein によると，①と②については非参加の形であり，人々に「参加」させるというよりも，人々に参加をするための教育を促すなど，「参加」するための土台づくりという意味がある。③，④においては，情報を受け取ったり，情報

表24　市民参加の段階

⑧	市民コントロール（citizen control）	市民による参加
⑦	権限委譲（delegated power）	
⑥	パートナーシップ（Partnership）	
⑤	プラケーション（Placation）	消極的な参加
④	コンサルテーション（Consultation）	
③	連絡（Informing）	
②	セラピー（Therapy）	非参加
①	市場操作（Manipulation）	

出典：Arnstein（1969）.

表25　住民の教育への参加と動員の段階

参画　（Participation）	
⑦	学校の管理運営において，決定権を持つ市民として地域代表として参画
⑥	公的に委任された権限を持つ者としての参画
⑤	他のアクターと「パートナー」として，サービスを提供する側としての参画
動員　（Involvement）	
④	特定の問題に対して「相談役」としての動員
③	資材や労働力の提供を通しての動員
②	学校での会合や集会への「聴衆」としての動員
①	学校サービスの利用

出典：Shaeffer（1994）.

を回したりまた，議論しあうという段階にあるが，「参加」には及ばないレベルにある。消極的な参加の中でも⑤においては，参加に近いレベルにあるが，正しい選択をするということが土台となっている。これに対して，Shaeffer（1994）は国際開発の状況に合わせた教育セクターのコミュニティ参加の段階をモデル化した（表25参照）。

Arnstein の「④コンサルテーション」は，Shaeffer の「相談役」として，同レベルの④のレベルにある。また，Arnstein の「⑥パートナーシップ」は，Shaeffer の⑤のレベルの「パートナー」にあたる。

Shaefferは，「動員（involvement）」が「参画（participation）」よりも弱い活動であるとしており，この「動員（involvement）」は，Arnsteinの「消極的な参加」に当たると考えられる。

また，Bray（2001）は，教育における住民参加を，より多くの物的・人的資源の動員と，住民の意向を学校での教育活動に反映させることとを区別している。前者はShaefferの「動員」であり，具体的には，その人の経験を話すこと，学校建築や修繕，学校建築や修繕に必要な材料の提供，学校運営に必要な金銭の提供，学校建築や修繕などに対しての相談を受けることや助言などである。後者は「参加」であり，学校運営における意思決定，例えば，学校に分配されている予算の使途，学校の年次計画の決定，教職員の雇用，カリキュラム開発，教科書やその他の教育教材の採用，学校設備の改善，各教師の能力と生徒の学習成果のモニタリングと評価などである。

カンボジアにおいては，2000年以降の教育改革の中で，地方の教育行政に権限を分散移譲させる教育の分権化政策と学校に権限を委譲し学校運営において学校裁量を可能にするSBMが導入されている。カンボジアのSBMは，Leithwood & Menzies（1998）の示す，校長が権限を持つ「行政的管理型SBM」と生徒の保護者や地域コミュニティと教師が共に権限を持つ「平衡的管理型SBM」で，地域住民の学校参加が求められている。

カンボジアの教員を対象に配布された「学校とコミュニティの連携」と題された資料では，学校とコミュニティの連携を以下のように説明している（MoEYS 2009b）。

- 国家教育目標を達成するための重要な要素
- 教育の原理を達成するための主要な要素
- 学校長の責任と権限を保護者や地域住民に広く伝えるための要素
- EFAの目標を達成するための要素
- 社会経済の状況，文化，伝統において必要不可欠な要素

このように，カンボジアでは，各学校に地域コミュニティ・学校コミュニティ・寺院コミュニティなどの委員で構成される学校支援委員会が設置され，

学校の意思決定を含む学校の発展に協働で取り組むことが期待されている。また，保護者を含めたコミュニティの役割として，①子どもの就学促進，②資金集め，③資金管理，④学校の管理，⑤建設や修繕，⑥子どもの就学支援，⑦子どもの学習管理，⑧学校計画への参加，⑨学校発展への理解と連携強化，を挙げている。学校と地域コミュニティの連携は，学校のみならず地域の発展や，地域の子ども達の成長にも寄与することを強調している。このように，Shaeffer の示す「参加」，Bray の示す「住民の意向を学校での教育活動に反映させること」が新たに「制度化された参加」としてカンボジアのコミュニティにおいて求められている。

しかしながら，カンボジアにおける住民の学校参加は，新しい概念ではない。上座部仏教を信仰し，寺院を中心とした生活を営んでいるカンボジアでは，寺院が学校として機能した時代を経て，寺院が住民を巻き込んで学校建設や修繕を行ってきた慣習がある。小学校建設における住民参加について論じた清水(2003) によると，地域での寺院と協力関係を維持すべきだと考えている小学校は7割を占めており，その理由に僧侶の協力による寄付金獲得のメリットや歴史的伝統的な協力関係を挙げている。清水によると，学校支援委員会や寺委員会が主体となり，仏教行事を通じて寄進を募り，建設資金を得るという伝統的なコミュニティ中心の小学校建設は主に1979年のポル・ポト時代以降から1990年初めまで多く実施されてきた。この時代は，ベトナムの介入などによる内戦状態にあり，カンボジア政府そのものが十分に機能しえない状態にあり，政府の支援が期待できない中で地域住民は小学校校舎を自ら再建しなければならなかった（清水 1997：pp. 83-84）。

1990年代初めから半ばまでで見ると教育に充てられる予算はカンボジアのGDP の1％を下回っている（Bray 1999：p. 36）。一方で，小学校における資材の60％近くが児童の家庭と地域住民から補われていることが1997年の調査では明らかになっている[(25)]（Bray 1999）。地域住民からの資金提供や学校建築などがなければ学校運営が不可能な状況であったと言っても過言ではない。ポル・ポト政権で破壊された教育システムを再建するにあたり，地域の子どもたちの学び舎を再建することは，地域住民にとっても地域コミュニティを再生するうえで必須であったと考えられる。

現在も寺院の敷地内に小学校が併設されていたり，寺院と隣接する学校も少なくない。このように，学校運営において地域の中心となる寺院との関係は切っても切れない関係にある。これは，言い換えると，Shaefferの示す「動員」，Brayの示す「より多くの物的・人的資源の動員」が，すでにカンボジアの地域住民の学校参加の中に「伝統的な参加」として存在していると言い換えることができる。

（3）カンボジアにおける地域コミュニティの学校参加

カンボジアの地域コミュニティの学校参加について論じられている研究を整理すると，「伝統的な参加」については，学校建設の住民参加について論じた清水（2003），地域住民の学校への財政支援について論じたBray（1999）が挙げられる。

一方，2000年以降の地域コミュニティの学校参加の文脈においては，保護者の学校参加について論じたShoraku（2007）・正楽（2005，2008a，2008b），地域住民の学校参加について論じた江田（2006a，2006b），住民参加について学校支援委員会の役割について論じたKambayashi（2008），ソーシャル・キャピタルの観点から住民参加の促進要因について論じたPellini（2008），学校支援委員会と教育成果の関連について論じたNguon（2013），学校の自律性の観点から住民参加を論じたFate & Kreng（2015），SBMに対して学校支援委員会の対応について論じた利根川・正楽（2016）などがある。

中でも，本書が扱う学校支援委員会の学校との関わりに着目した研究は，量的調査を行ったNguon（2011）とFate & Kreng（2015）そして，質的調査を行ったKambayashi（2008），Thida & Joy（2012）と利根川・正楽（2016）に分

---

(25) 2001年より禁止になった学校登録料や学校授業料として支払われていた金額も含んでいるため，児童から現金を徴収しないという制度になった現在ではその割合は少なくなっているが，地域住民からの寄付は現在も行われている。

類することができる。

Kambayashi (2008) は，学校運営におけるコミュニティ参加を促進する要因を明らかにするためにシェムリアプ州の4校の学校支援委員会でインタビュー調査を行った。その結果，村人によって組織・管理されている学校支援委員会は保護者や村人達を巻き込んだ参加を実現させていること，コミュニティの学校に対するオーナーシップは参加を促進させるために重要であること，そして，社会文化的要素（社会階層や相互支援）と教育に対する強い要請が人々の参加に対する意思を高めていることが明らかとなった。

Nguon (2011) は，学校運営における学校支援委員会の役割を明らかにするためにコンポンチナュン州の65校の学校支援委員会において構造化インタビュー調査を行った。その結果，学校支援委員会が学校への寄付集めやPAPの予算計画の承認や学校年次計画への参加などの学校運営に関与していることが明らかになった。一方で，PAPの予算計画の承認における問題点として，学校支援委員会を含めた各学校にPAPの実質的な権限が委譲されていないことも明らかとなっている。

Thida & Joy (2012) は，カンポット州での3校の初等教育において，校長や教員，学校支援委員会，保護者や地域住民の合計45名へのインタビュー調査を行った。その結果，意思決定における参加においては，地域の利害関係者の意思決定への参加が不可欠であることが明らかとなった。また，カンボジアにおけるSBMの成功において，校長のリーダーシップ，地域の利害関係者の活発な参加，NGOの支援が不可欠であるとしている。

Fate & Kreng (2015) は，学校の自律性を促進するための学校支援委員会がどの程度機能しているのかを明らかにするために，プノンペンの90校の小学校の学校支援委員会と18校のコレージュ（前期中等教育）の学校支援委員会において学校支援委員会委員，保護者，NGOスタッフへの質問紙調査を行った。その結果，学校の意思決定におけるコミュニティ参加が極めて少ないこと，学校支援委員会と学校支援委員会に関わりのない保護者と比較して，学校の機能に対する理解に大きな格差があることが明らかになった。また，校長と学校支援委員会の委員が学校支援委員会の役割をより理解し，より連携をとることができれば，学校支援委員会の活動である寄付などの物品の動員がより円滑になるとしている。

利根川・正楽（2016）は，SBMに対して学校支援委員会がどのように対応をしているのかを明らかにするためにカンダール州の2校の学校支援委員会と教育局においてインタビュー調査を行った。その結果，異なる当事者間の相互協力は学校レベルにおいて十分に行われていないこと，カンボジア農村部に存在する伝統的な階層社会制度は学校支援委員会における協力体制を妨げていること，そして，学校支援委員会と学校とが協働するためには校長のリーダーシップが不可欠であることが明らかとなった。

これらを整理すると，カンボジアの小学校における地域住民・保護者の参加は，寄付や学校建築や修繕など「伝統的な参加」に限定されていること，そして，地域住民および保護者を巻き込んだ学校教育活動における意思決定は，個々の地域住民および保護者が参加するというよりもむしろ，地域住民および保護者の代表，学校教員，地域の有権者等で構成される学校支援委員会が主に担っているが，地域住民の意向を学校での教育活動に反映させたり，学校運営における意思決定を行うまでには至ってはいない。

その理由を正楽（2008b）は，保護者の学校参加について，保護者の視点から分析し，教員とコミュニティの代表者と比較すると，コミュニティにおける保護者の置かれている立場が脆弱であること，その結果，学校教育をめぐる意思決定への影響力が極めて弱いことを指摘している。

Kambayashi（2008）は，3校の学校支援委員会を比較分析し，その構成メンバーが校長や村長，アチャーと呼ばれる仏教行事の祭司などの権力者のみに偏っており，保護者や村人が委員として関わっておらず，住民が当事者意識を持ちにくいことが大きな要因としている。

Pellini（2005，2008）は，ソーシャル・キャピタルの視点から分析し，ポル・ポト政権や長い内戦による過度の社会構造の破壊によって社会的結束に必要な信頼を喪失してしまったことでコミュニティ関係が希薄になり，地域住民および保護者から学校を含めた公的な組織に対しての信頼がないこと，そして，学校と学校支援委員会とのつながりが弱いことを指摘している。また，カンボジア社会がカンボジア特有の仏教指導者を中心とする階層社会であり，個々の地域住民および保護者は学校運営における意思決定機関の下層に位置付けられ参加の余地が与えられていないことも指摘している。

Pelliniの指摘している階層社会については，利根川・正楽（2016），Kambayashi（2008）を含め，これまでにも数多くの研究者が指摘をしている（Ayres 2000, Blunt & Turner 2005, Chandler 1998, O'Leary & Nee 2001, Turner 2002）。中でもTurner（2002）は，カンボジアに導入された分権化において，この階層構造が権限を下位組織に委譲することを妨げていると指摘している。カンボジアにおいて地方行政局が権限を委譲されたとしても，意思決定を下すことを嫌がり，そのまま上位組織に意思決定を任せるか単純に何もしないかのどちらかであろう。そして，その社会構造は地域の共同体の結束へも影響を及ぼし，人々のつながりや結びつきを弱めていると指摘している。

2000年以降にカンボジアに導入された教育の分権化，SBMは，「制度化された参加[26]」つまり，住民および保護者の意思決定における学校参加を実現させるものであるが，「伝統的な参加」に限定されており[27]，その理由は，カンボジア特有の階層社会にあると言える。

これまでの研究においては，学校支援委員会が「制度化された参加」を実現させることができていないことが明らかになっているが，それでもSBMを継続してきた意義は見出してはいない。また，学校支援委員会の意思決定における学校参加を阻害している社会階層という課題を乗り越えて，学校支援委員会

---

(26) エチオピア国オロミア州における小学校の学校運営委員会と住民の教育参加について，「住民参加」を決定づける社会要因について明らかにした山田は，伝統的に行われてきた住民の教育関与を「伝統的な参加」，学校運営委員会による意思決定への住民参加を「制度化された参加」と対比させ，行政の分権化（「制度化された参加」）と住民が学校に主体的に関わること（「伝統的な参加」）は同義ではないことを指摘している（山田 2011）。

(27) むしろKambayashi（2008）によると「制度化された参加」によって，それまでの住民および保護者の学校参加つまり「伝統的な参加」が阻まれることもある。

が「制度化された参加」を可能にするための方法を提示できていない。さらに，カンボジアのSBMや住民の学校参加を語るうえで学校支援委員会は極めて重要なファクターであるにもかかわらず，学校支援委員会が意思決定にどの程度関与しているのか，そして，寄付金集め以外の学校支援委員会の機能や役割については十分に論じられていない。

そこで，以下の章では，制度の導入に影響する要因と効果に影響する要因に着目し，カンボジアの学校支援委員会がどのように保護者や地域住民の学校参加を可能にしているのか，もしくは，していないのかを学校支援委員会の学校運営における関与の度合いから明らかにし，その度合いの差異を生み出す要因を分析する。さらに，児童のアウトプットとして学校支援委員会が初等教育においてどのような効果をもたらしているのかを考察する。

4　地域住民の参加が学校や児童にもたらす影響

図20は，地域住民の参加が学校や児童にもたらす影響を説明したものである。SBMの導入は，その国や地域の社会や文化によって異なるが，一般的には，地域住民の参加と共に校長のリーダーシップのもとで情報やビジョンの共有，利害関係者の能力開発などが行われる。そしてそれらによって，学校教育の量と質の向上，児童や学校ニーズへの対応，積極的な参加や関わり，保護者と学校とのパートナーシップ，民主的，透明性の向上，財政負担の軽減などの効果を得ることができる（矢印①）（World Bank 2007a, World Bank 2007b, Grauwe 2004, Malen et al. 1990）。そして，それらのことが，教育・学習環境の改善につながり，最終的に児童のアウトプットとして内部効率性の向上という成果が得られる。制度の導入・プロセス・結果の一連の流れを図式化したものが，図20の中心の枠Ⅰ・Ⅱ・Ⅲとそれをつなぐ矢印である。

また，SBMは学校組織のみならず，地域や家庭にも影響を及ぼすことも明らかとなっている。地域住民の学校参加などのエンパワーメントによって，地域コミュニティそのもののエンパワーメントの喚起につながっている（矢印②）。

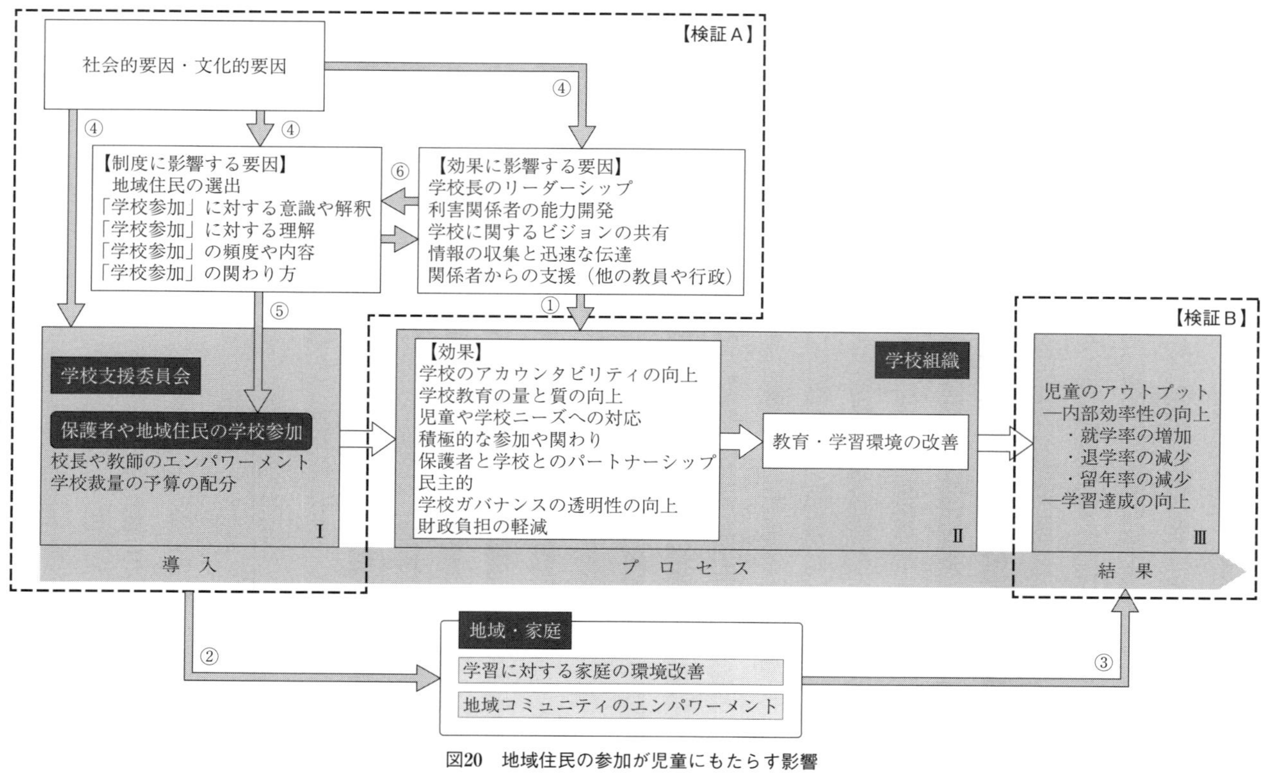

図20　地域住民の参加が児童にもたらす影響

出典：著者作成。

また，保護者が学校に参加することにより，保護者の教育への関心や認識が高まり，学習に対する家庭の環境改善が図られる。それらは結果的に児童のアウトプット向上へとつながっている（矢印③）。

これらの制度の導入と運用においては，社会的・文化的要因が大きな影響を与えている（矢印④）。例えばカンボジアにおいては，仏教による教えや慣習，ポル・ポト政権や長い内戦によって人々が無意識に構築していった他者との関係，社会的構造などである。先行研究では，カンボジアの伝統的な社会構造によって保護者の参加が実現できていないことや，地域住民の参加が積極的に行われていないことが明らかとなっている（正楽 2008b，Kambayashi 2008）。また，学校建設や学校修繕などを寺院を中心とした地域住民で行ってきたことなど，社会的文化的要因は学校組織にも影響を及ぼしている。

これらに加えて，SBM の制度，特に保護者や地域住民の学校参加に影響を及ぼす要因として，地域住民の誰が参加するのか，そして「学校参加」に対してどのように理解し，どのような意識を持ち，解釈をしているのか，さらに，「学校参加」はどのように，どの程度の頻度や内容で関わっているのかということが，SBM の制度の導入において影響を及ぼしており（矢印⑤），さらにその制度に影響する要因は，SBM の導入後のプロセスにおける効果に影響する要因とも影響しあっている（矢印⑥）と考えられる。

これらから，本書は，制度の導入に影響する要因と効果に影響する要因に着目し，カンボジアの学校支援委員会がどのように保護者や地域住民の学校参加を可能にしているのか，もしくは，していないのか＝「検証 A」，そして，児童のアウトプットとして，どのような結果を生み出しているのか＝「検証 B」についても検証するものである。

第3章
学校運営における住民参加の調査

1　調査の問いと方法

（1）リサーチクエスチョン

本書の目的は，カンボジアを事例に，2002年以降に導入された学校支援委員会の学校運営における関与の度合いと，その度合いの差異を生み出す要因を分析し，学校支援委員会が初等教育においてどのような効果をもたらしているのかを考察することである。序章でもふれたが，そのためのリサーチクエスチョンを以下に示す。

1．学校支援委員会は，意思決定を含む学校運営にどの程度関与しているのか？　そして，その関与はどのような効果をもたらしているのか？
2．学校支援委員会は，どのように構成され，どのような活動を行っているのか？
3．学校支援委員会の学校運営への参加は，どのように解釈されているのか？

1点目のリサーチクエスチョンは，学校支援委員会が求められている役割をどの程度遂行しているのかということと，高関与モデルに基づいて，どのようにそしてどの程度学校運営に関わっているのかを明らかにするものである。2点目のリサーチクエスチョンは，学校支援委員会の実態と，SBM の意思決定が誰にあるのかを明らかにするものである。3点目のリサーチクエスチョンは，学校支援委員会のメンバーらの役割に対する理解と行政担当者の学校支援委員会に対する理解を明らかにするものである。

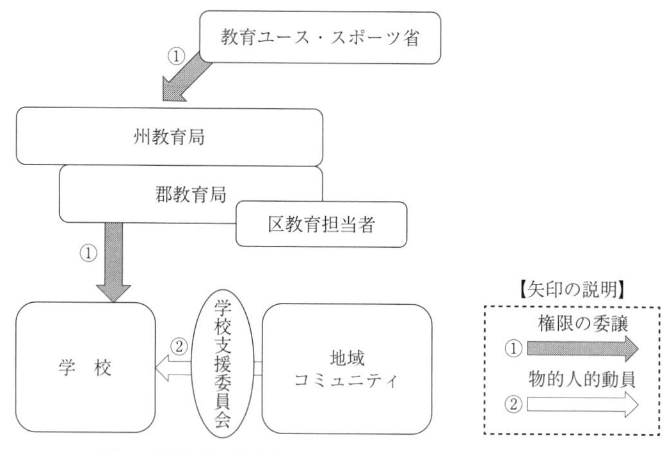

図21　学校支援委員会と行政・地域コミュニティの関わり

出典：著者作成。

（2） 調査の目的

図21は，カンボジアの学校支援委員会と教育ユース・スポーツ省をはじめとする行政と学校，そして地域コミュニティがどのように関わり合っているのかを示した図である。分権化により教育ユース・スポーツ省から州教育局・郡教育局，さらにそこから学校へ権限の委譲が行われている（矢印①）。学校にはSBMを実施するために学校支援委員会が設置されており，地域コミュニティから学校支援委員会を通じて物的人的動員が行われている（矢印②）。

本書では，この矢印②がどのように機能しているのかに着目し，学校支援委員会の学校への関与や，学校委員会の構成員などを明らかにする。また，矢印①において政策実施者である教育省担当者や教育局担当者が学校支援委員会に対してどのように解釈しているのかも明らかにする。

（3） 調査の方法

本書は，「ケース・スタディ調査」である。ケース・スタディ調査におけるデータ収集には，インタビュー，観察，文献分析の3つの方策が全て含まれている。ケースの場では，何が起こっているのかを観察し，インフォーマルまたはフォーマルに人々と話し，文脈の一部をなす文献や資料を調べることが行われる（メリアム 2004）。これに基づいて，本書は，インタビュー調査，調査内における観察，文献分析を行った。

①インタビュー調査

調査では，主にグループ・インタビューおよび個別インタビューに対して半構造化インタビューを実施した。

半構造化（semistructured）インタビューは，構造化の程度の低いインタビューを行う場合の一つの方法であり，調査者は，その場の状況や回答者の世界観，そして，そのテーマに関する新しい着想に対応しやすくなる（メリアム 2004）。今回の調査における調査対象者や調査対象グループは，地域やメンバーによって状況が大きく異なるため，半構造化インタビューが最も適していると考えられる。

グループ・インタビューは，フォーカス・グループ・インタビューで行った。フォーカス・グループ・インタビューとは，具体的な状況に即したある特定のトピックについて選ばれた複数の個人によって行われる形式ばらない議論のことを指す（Beck et al. 1986）。フォーカス・グループ・インタビューは，目的に沿って選ばれた人々の知覚や意見に関する質的データ（小さな相互作用的グループの中で収集される）を得ることができる，また，興味の対象に関しての参加者の思想や感情について，比較的短時間で実質的な情報を引き出すことができる（ヴォーン他 1999）。

本調査においては，学校支援委員会の会議の開催日が学校によって異なるため参与観察ができなかった。そのため，調査者同士の間での相互作用をも促進するフォーカス・グループ・インタビューを用いることにより，学校支援委員会に対する思いや相互作用的な議論を引き出すことができると考えられる。

インタビューは，著者1人で行い，通訳として社会調査の経験のあるカンボジア人男性による通訳（英語—クメール語）を介した。また，インタビューは拒絶された場合を除き，音声で記録をし，調査後，翻訳経験のあるカンボジア人男性がテープ起こしと翻訳（クメール語—英語）を行った。

インタビューの場所は，教職員を含む学校支援委員会の場合には主に学校で実施し，教職員以外の学校支援委員会の場合には寺院や区の事務所で，州教育局や郡教育局についてはそれぞれの事務所で行った。

インタビュー開始時には，インタビュー対象者に今回の調査の目的とその内容と時間の予定を伝えた。また，プライバシーの遵守の観点から，今回のインタビューは調査報告以外には使用しないことと名前の使用は控えることを伝え，音声記録の許可をお願いした。

インタビュー中には，特にグループ・インタビューの際には，個別に聞く必要がある特定の内容以外は，グループ全体に質問をするように努めた。そして，質問をしている間や回答を得る間は，誰が主に話を進めているのか，その間他のメンバーの表情や身振りを観察し，どのようなリアクションをしているのかに注視するよう努めた。

インタビュー内容の最初に，全ての参加者の氏名，年齢，性別，学歴，職業，就学年齢の子どもの有無，学校支援委員会での役割，学校支援委員会メンバーになってからの年数，その他の委員会役員の兼務の有無，学校支援委員会メンバーになった経緯，会議への参加率について用意した調査票を基に1項目ずつ回答を得た。インタビューに不参加の学校支援委員会委員については，参加した学校支援委員会委員に把握している範囲での情報を聞き，回答を得た。

その後，調査指標とした「権限」「情報」「技術と知識」「報酬」についての質問を行い，その中で，得られた回答を基に，より詳しい詳細を知るための質問を行った。

②資料収集

インタビュー調査の他にデータ収集を行った。主に，調査した8校の地図，地域の経済・社会の状況のデータ，8校の就学者数，退学率，留年率のデータである。現地での調査では移動に車を利用したため，学校間の距離や寺院との距離などが不明瞭であった。そのため，州の統計局にて８校の各郡の地図を入手し，周辺の状況を理解する資料として利用した。また学校のある地域の経済・社会の状況のデータは，2008年の国勢調査を基にしたインターネット上のデータベース（Open Development Cambodia）から入手した。さらに，８校の就学者数，退学率，留年率のデータは，各学校であらかじめ聞き取りをしていたが，資料を持ち合わせていない学校もあったことから，教育ユース・スポーツ省の情報センター（The Education Management Information System：EMIS）にてデータを入手した。

このほか，カンボジア国内の教育に関する政策に関する資料は，情報センター（EMIS）にて資料請求を行い，または，カンボジア教育ユース・スポーツ省のホームページからダウンロードをして入手した。また，教育に関するデータは，インターネット上のカンボジア教育ユース・スポーツ省のホームページからダウンロード可能な教育インジケーターを参考にした。

さらに，カンボジア語の資料については，翻訳経験のあるカンボジア人男性にカンボジア語から英語に翻訳をしてもらい，本書の資料として利用した。

③文献分析

本書では，教育の分権化，SBM という枠組みで，これまでの先行研究をまとめたうえで，カンボジアの教育における SBM に関する先行研究を分析した。主にカンボジアにおける地域住民の教育や学校参加についての文献であるが，カンボジアで教育改革が開始されたのは2000年以降で，多くの研究がそれ以降に書かれたものであり，とりわけ質的研究においては，十分な研究が行われてきていない。また，国内情勢の不安定さやポル・ポト時代のトラウマなどは，近隣の仏教諸国と事情を異にすることから類似の研究の比較も困難であったことを付記しておく。

（４）　調査の分析

本書では，高関与モデルを用いて，それぞれのインタビュー内容から各学校支援委員会の関与の度合いを「高関与」「中関与」「低関与」の３段階に分け，そのうえでKJ法を用いてそれぞれの発言の内容をカテゴライズし，分析した。

本書で指標として用いた「高関与モデル」とは，Lawler (1986) の高関与マネジメントをWohlstetterらがSBMを測る指標として，1991年から1995年までの米国国内の13学区，40校，400人以上へのインタビュー調査で適応したものである。SBMが成功する要因として「権限」，「知識と技術」，「情報」，「報酬」の４要素を学校や地域の委員会などの組織が保持していることで各組織の意思決定に対する関与が高まりSBMが機能するとした (Wohlstetter & Mohrman 1996, Wohlstetter et al. 1994)。

「高関与モデル」は，1980年代初頭に米国の心理学者であるLawlerが提唱した高関与マネジメント (High involvement management) を基にしたものである。Lawlerは，民間セクターにおいて，組織の成果を向上させるための参加型経営を提示した。これは，階層的・垂直的雇用関係が生産的で質の高い労働力を確保することができるとする官僚主義的モデルに対比したものである。Lawler (1986) によると，雇用者に仕事のやり方について自分たちで意思決定を行うことにより，雇用者らの能力を引き出すことができ，組織としての成果を向上させることができる。雇用者達が組織に深く関わり，熱心に成果をだすためには，雇用者達の持つ業務についての決定事項に関わる必要があり，また，組織の目標や政策についても知る必要がある。さらに，目標を達成するためには知識や技術が必要となり，技能に対して報酬も必要となる。意思決定の「権限」に加え，意思決定や問題解決を効果的に行うための「知識と技術」，より良い意思決定のための「情報」，実行に移すための「報酬」の４つの資源を委譲することにより，組織の構成員がよりよい成果を出すための能力を引き出すことができるとした。しかし，この高関与マネジメントは，常に優れた成果をもたらすわけではなく，組織の遂行すべき課題が繰り返し行うルーティンワークである場合には必ずしも当てはまるとはかぎらないとLawlerは述べている (Ibid.)。

次に本書の分析においては，KJ法を用いた。KJ法は川喜多二郎が莫大な情報をカテゴライズして，各カテゴリーの関連から新しい発想を導き出すために作り出した発想法の手法である（川喜多 1997）。

まず，インタビューで得られた情報や細かな供述，観察からの気付きなどを1つずつカードに書き起こした。次にそれらを概観し，同じ内容や類似あるいは関連する内容をグループ分けした。さらに，各グループ同士の関連や，グループ内でのカードの比較などを行った。そして，高関与モデルで関与の度合いから「高関与」「中関与」「低関与」のグループ分けを行い，それぞれの特徴をKJ法を用いてカテゴリー分けしたカードから導き出して，グループ間の比較を行った。

2　調査内容

ここでは，本研究の調査地，調査対象者，そして調査対象学校についての詳細を提示する。

（1）　実施地域

調査の実施地域は，カンボジア王国カンダール州のタクマオ郡（Takmao District），キエンスバイ郡（Kean Svay District）およびサアン郡（Sa-ang District）の3郡である。カンダール州は，4番目に人口が多い州である。首都のプノンペン特別市を取り囲んだ都市部近郊の州で（図22参照），プノンペン特別市から地方に向かう幹線道路が通っている。プノンペン特別市との州境近辺や幹線道路沿いには経済的に豊かな人々が暮らす一方で，幹線道路から外れた地域では他の州の農村部と大きな違いはなく，経済的に貧しい人々も多い。また，地域によっては，イスラム教徒やベトナム人などのエスニックマイノリティも混在している。そのため，本書において，都市部と農村部の比較が容易にできること，そして，カンボジアのエスニックマイノリティが混在する学校の特徴について提示できるなど，カンボジアの教育における地域間格差やマイノリティの問題を包括することから，カンダール州を事例とした。

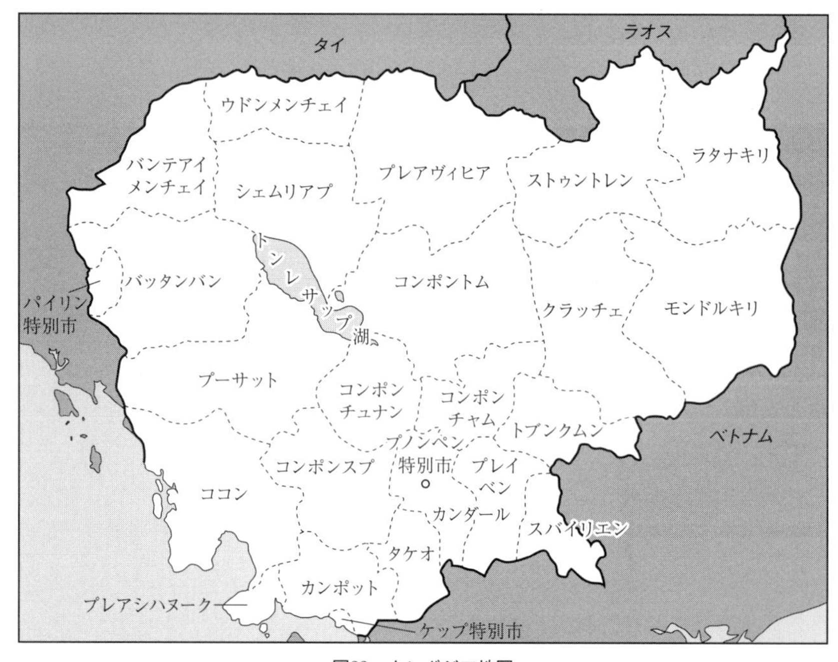

図22　カンボジア地図

出典：国際連合ホームページ（2016）などより著者作成・一部修正。[28]

カンダール州の2012年の貧困率は14.6％で，プノンペン特別市の0.1％に次いでカンボジア全土で２番目に貧困率が低い州である（表26参照）。このことからも，他の州に比べると比較的豊かな州であることが分かる。

プノンペン特別市に次いで大都市と言われ，アンコールワット観光のための商業施設も多いシェムリアプ州とカンダール州とプノンペン特別市を比較すると（表27参照），成人識字率は，カンダール州は83.1％（女子77.7％）に対して，プノンペン特別市は93.1％（女子90.5％），シェムリアプ州は68.6％（女子61.7％）となっている。カンボジア全土では，プノンペン特別市が最も高く，カンダール州は２番目に高い。一方，失業率は，カンダール州が1.9％（女子

(28)　2013年よりコンポンチャム州の東部がトブンクムン州となったため。

表26　2004年から2012年までの州別の貧困率予測

（単位：%）

	2004	2005	2006	2007	2008	2009	2010	2011	2012
カンボジア全土	35.1	34.2	32.9	30.7	29.3	27.4	25.8	n.a	n.a
プレアヴィヒア	50.2	48.2	47.2	45.7	44.5	43.1	41.5	39.2	37.0
ラタナキリ	50.7	48.9	46.6	45.0	43.8	41.5	41.2	39.0	36.2
ストゥントレン	46.1	45.9	46.1	44.3	43.5	42.4	41.1	39.3	36.8
クラッチェ	43.9	43.3	42.5	41.5	40.2	38.6	37.1	35.4	32.6
モンドルキリ	47.0	45.1	44.0	42.4	40.3	38.0	37.1	36.8	32.9
ウドンメンチェイ	46.6	45.9	44.0	42.3	40.6	39.1	36.5	35.0	34.3
コンポントム	41.1	40.5	39.3	37.7	36.5	34.4	32.7	31.6	29.1
プーサット	40.7	39.9	39.0	37.5	35.8	34.1	32.0	30.3	27.8
シェムリアプ	42.2	40.7	38.8	36.0	34.4	32.3	31.1	30.0	28.8
コンポンチュナン	37.9	37.2	36.7	35.6	34.2	32.3	30.4	29.5	27.7
コンポンスプ	41.4	40.3	39.5	37.3	35.2	32.2	30.1	28.8	27.7
バンテアイメンチェイ	39.9	38.7	37.1	34.1	32.5	31.4	29.7	28.3	25.5
バッタンバン	37.8	36.5	35.4	33.3	31.7	29.7	28.7	27.0	24.8
パイリン特別市	41.7	40.5	38.9	36.9	35.0	31.0	28.1	26.7	23.9
プレイベン	33.2	33.2	32.2	30.2	29.0	27.3	25.5	23.7	21.9
ココン	34.8	34.7	32.6	30.7	29.0	26.5	25.1	23.6	20.3
コンポンチャム	33.1	32.1	31.0	29.0	27.6	25.8	24.3	22.3	20.4
タケオ	31.6	30.7	29.2	28.1	26.8	25.2	23.4	22.5	19.9
スバイリエン	32.5	31.6	30.1	27.8	25.9	23.6	21.5	19.3	17.4
ケップ特別市	33.6	33.0	31.5	28.6	25.2	22.8	21.4	18.5	16.5
カンダール	27.6	26.2	24.1	21.2	19.7	17.6	15.9	16.1	14.6
プノンペン特別市	6.8	6.9	5.8	0.5	0.3	0.2	0.1	0.3	0.1
カンポット	26.6	25.6	25.0	23.4	22.4	20.5	19.1	22.1	20.4
プレアシハヌーク	31.6	30.7	29.4	24.8	22.8	20.5	19.6	18.2	15.6

注：2004年から2012年までのカンボジアは，21の州とプノンペン特別市の合計24の行政区による。
出典：ADB（2011：p. 9），（2014：p. 32）より著者作成。

1.8%）に対して，プノンペン特別市は5.5%（女子6.8%），シェムリアプ州1.9%（女子2.3%）と，プノンペン特別市よりも低い。次に，労働産業分野への従事者の比率であるが，カンダール州は，第一次産業に61.6%（女子60.9%），第二次産業に19.1%（女子23.4%），第三次産業に19.2%（女子15.6%）が従事しているのに対して，第一次産業はプノンペン特別市で5.3%（女子5.4%），シェ

表27　人口・成人識字率・失業率・労働産業分野の比較（プノンペン特別市・シェムリアプ州・カンダール州）

	プノンペン特別市	シェムリアプ州	カンダール州
人　口（人）	1,327,615	896,443	1,265,280
男	625,540	439,982	612,692
女	702,075	456,461	652,588
成人識字率（%）	93.1	68.6	83.1
男	96.2	76.2	89.1
女	90.5	61.7	77.7
失業率（%）	5.5	1.9	1.9
男	4.2	1.6	2.0
女	6.8	2.3	1.8
労働産業分野			
第一次産業（%）	5.3	73.0	61.6
男	5.2	67.8	62.3
女	5.4	78.2	60.9
第二次産業（%）	32.4	6.2	19.1
男	25.8	8.7	14.5
女	39.4	3.6	23.4
第三次産業（%）	62.2	20.7	19.2
男	68.9	23.3	23.4
女	55.1	18.1	15.6

出典：Open Development Cambodia（2008年国勢調査に基づく）より著者作成（2016）。

ムリアプ州は73.0％（女子78.2％），第二次産業にプノンペン特別市で32.4％（女子39.4％），シェムリアプ州で6.2％（女子3.6％），第三次産業にプノンペン特別市で62.2％（女子55.1％），シェムリアプ州で20.7％（女子18.1％）となっている。カンダール州では，第三次産業であるサービス産業従事者はシェムリアプ州よりわずかに少ないものの，第二次産業である工業従事者は全体の2割と比較的高い。プノンペン郊外からカンダール州にかけて繊維産業の工場などが多く，また，貿易特区も広がっていることから，工業従事者が多いことが分かる。一方で，第一次産業の農業従事者も約6割いることから，プノンペン特別市に比較的近い地域では工業が，そして，遠方になるほど農業が主要な産業であることが想像できる。

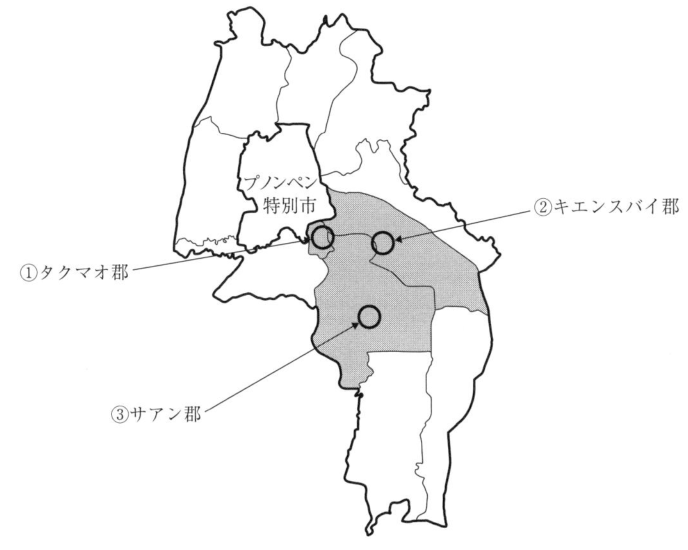

図23　カンダール州地図

出典：Hello Cambodia（2016）より著者作成。

次に，本調査の調査対象の８校が位置するタクマオ郡，キエンスバイ郡，サアン郡の比較を行う。図23は，カンダール州の地図である。図中の丸印は，それぞれの郡で調査した学校が位置する地域であり，①タクマオ郡，②キエンスバイ郡，③サアン郡である。タクマオ郡はカンダール州の州都であり，タクマオ郡とキエンスバイ郡は，プノンペン特別市と隣接していいる。

表28は，カンダール州，タクマオ郡，キエンスバイ郡，サアン郡の人口，成人識字率，失業率，労働産業分野別の表である。カンダール州全体の人口に対して，タクマオ郡の人口は6.3％，キエンスバイ郡は13.6％，サアン郡は15.4％となっている。成人識字率は，カンダール州全体が83.1％に対して，タクマオ郡は90.3％と高く，次にキエンスバイ郡も86.3％と州全体よりも上回っている。一方で，サアン郡は81.4％で州全体よりも下回っている。カンダール州全体の失業率は，1.9％であるが，本調査の対象地域の３郡はいずれもカンダール州より高く，タクマオでは4.1％と最も高い失業率となっている。労働産業分野でみると，カンダール州全体では，第一次産業は61.6％となっている。

表28　人口・成人識字率・失業率・労働産業分野の比較（カンダール州3郡）

	カンダール州	タクマオ郡	キエンスバイ郡	サアン郡
人　口（人）	1, 265, 280	80, 141	172, 950	195, 445
男	612, 692	38, 791	84, 582	94, 476
女	652, 588	41, 350	88, 368	100, 969
成人識字率（%）	83. 1	90. 3	86. 3	81. 4
男	89. 1	94. 5	92. 0	87. 4
女	77. 7	86. 6	81. 0	76. 2
失業率（%）	1. 9	4. 1	3. 0	2. 2
男	2. 0	4. 5	2. 7	2. 3
女	1. 8	3. 6	3. 3	2. 0
労働産業分野				
第一次産業（%）	61. 6	9. 5	53. 7	66. 0
男	62. 3	9. 8	51. 7	70. 3
女	60. 9	9. 1	55. 8	61. 9
第二次産業（%）	19. 1	35. 4	18. 6	19. 6
男	14. 5	26. 9	16. 9	12. 6
女	23. 4	44. 3	20. 3	26. 0
第三次産業（%）	19. 2	55. 0	27. 6	14. 3
男	23. 4	63. 1	31. 2	16. 9
女	15. 6	46. 5	23. 8	11. 9

出典：Open Development Cambodia（2008年国勢調査に基づく）より著者作成（2016）。

これに対し，タクマオ郡では9. 5%と最も低く，キエンスバイ郡は53. 7%，サアン郡は66. 0%である。第二次産業はカンダール州では19. 1%，タクマオ郡では35. 4%と高く，キエンスバイ郡とサアン郡では18. 6%，19. 6%とカンダール州と同じ程度である。第三次産業については，カンダール州全体で19. 2%，タクマオ郡は55. 0%と最も高く，キエンスバイ郡は27. 6%，サアン郡は14. 3%となっている。タクマオ郡は，州都でありプノンペン特別市と隣接しているという立地から，住民の多くが第三次産業のサービス産業または，第二次産業の工業に従事している都市部であると言える。キエンスバイ郡は，プノンペン特別市と隣接しており，ベトナム方面に向かう幹線道路が通っている。郡内の半分以上が農地であり，第一次産業の農業従事者は全体の約半分となっている。残りの労働者は第二次産業，第三次産業に従事していることから，農業と工業の併存する地域であると言える。サアン郡は，３郡の中では唯一プノンペン特別市に隣接しておらず，また大きな幹線道路もない。また，第二次産業，第三次産業従事者も，他の２郡に比べると少なく，農村地域であると言える。

（2）　実施時期と実施対象者

本調査は，第１期の2011年と第２期の2012年，そして第３期の2018年に実施した。

第１期は，2011年８月上旬から中旬の15日間にカンボジア王国カンダール州キエンスバイ郡にある３校の校長を含む教職員と学校支援委員会の委員，教育ユース・スポーツ省の初等教育担当者，カンダール州の教育局長，キエンスバイ郡の教育担当者を訪問し，個別インタビューおよびグループ・インタビューを行った。第１期の３校については，①各村に少なくとも学校が１校以上あること，②区の学校のいずれかがクラスター中心校であること，③区内に寺院が少なくとも１つあること，を条件に選定した。その理由として，①については，学校支援委員会のメンバーが村や区の長であったり，村内または区内の人が担うことが多いため，学校と学校支援委員会のメンバーが同じ地域に居住していることが本調査では重要であると考えたためである。②については，各学校支援委員会は年に数回，クラスター校での合同学校支援委員会の会議を実施して，学校年次計画や予算編成の確認等を行っている。したがって，同クラスター下では連携関係にあるといえる。③については，上座部仏教を信仰するカンボジアにおいては，精神的にも物理的にも寺院が地域の中心的な存在として位置しており，学校建設や修繕を含めた地域のインフラ設備や寄付金集めも行っており重要な役割を担っている。また，寺委員会のメンバーや僧侶やアチャー（祭司）なども学校支援員会のメンバーである。

第２期は，2012年12月下旬から2013年１月上旬の15日間にカンボジア王国カンダール州タクマオ郡とサアン郡の５校の校長を含む教職員と学校支援委員会の委員とカンダール州の教育局長，タクマオ郡教育局，サアン郡教育局を訪問して調査を行った。第２期の５校については，事前にカンダール州の教育局長に学校支援委員会の調査内容を伝えたうえで，活動的な学校支援委員会がある学校と，あまり活動的でない学校支援委員会がある学校を４校から６校選出し

表29　行政調査対象者の人数内訳

	第１期	第２期	第３期	合　計
教育ユース・スポーツ省 政策企画局局長	—	—	1	1名
教育ユース・スポーツ省 教育局初等教育課	1	—	1	2名
カンダール州教育局	1	1	1	延3名
タクマオ郡教育局	—	1	—	1名
キエンスバイ郡教育局	1	—	—	1名
サアン郡教育局	—	1	—	1名
合　計	3	3	3	9名

出典：著者作成。

表30　行政調査対象者の性別

	性　別
教育ユース・スポーツ省	男
カンダール州教育局	男
タクマオ郡教育局	男
キエンスバイ郡教育局	男
サアン郡教育局	男

出典：著者作成。

表31　学校支援委員会調査対象者の人数内訳

	第１期			第２期					合　計
学　校	C校	R校	S校	A校	B校	D校	K校	P校	8校
校　長	1	1	1	1	1	1	1	1	8名
副校長	1			1			1		3名
教　員			3	2		3	1		9名
地域住民	3		1	1	2	1	1	1	10名
合　計	5	1	5	5	3	5	4	2	30名

出典：著者作成。

てもらい，合計5校の訪問調査の許可を得た。その際，第1期で学校の選定条件とした3点については，第1期の学校支援委員会の調査において考慮に入れる必要がないと判断したため，第2期の調査ではこの3点の条件については考慮に入れなかった。5校は，州内のタクマオ郡から2校，サアン郡から3校が選ばれた。

調査第1期，第2期ともに，教育行政組織と学校および学校支援委員会を調査対象者とした。第1期は教育行政組織から，教育ユース・スポーツ省の初等教育担当1名，カンダール州教育局局長1名，キエンスバイ郡教育局担当者1名，そしてC校学校支援委員会5名，R校の学校支援委員会1名，S校の学校支援委員会5名，合計14名を対象とした。第2期には，教育行政組織からカンダール州教育局局長1名，タクマオ郡教育局1名，サアン郡教育局1名，学校および学校支援委員会からはA校の学校支援委員会5名，K校学校支援委員会4名，B校学校支援委員会3名，D校学校支援委員会5名，P校学校支援委員会2名，合計22名を対象とした（表29，表30，表31参照）。

第3期は2018年2月下旬で，R校校長と学校支援委員会，B校校長と学校支援委員会を訪問し，2011年と2012年に実施した調査のアップデートを行った。また，教育ユース・スポーツ省の政策企画局局長，教育局初等教育課課長，カンダール州教育局長の各1名を対象に，学校支援委員会を通しての地域住民の学校参加についての調査を実施した。

（3） 調査対象学校と調査対象者および対象グループ詳細

タクマオ郡からは，A校，K校が，キエンスバイ郡からはC校，S校，R校が，サアン郡からはB校，D校，P校の合計8校を対象学校とした。各学校の詳細とインタビュー対象者またはグループは以下の通りである（表32参照）。

1） A校（タクマオ郡）

A校はカンダール州の州都であるタクマオ郡の中心に位置し，教員養成学校の敷地内にある。2012年度の全校生徒数は976名（女子448名），教職員は24名

表32　学校支援委員会調査対象者の詳細

学　校	インタビュー形式	役職・職業	学校支援委員会役割	性別	年齢	学　歴
A校（タクマオ郡）	グループ	校　長	学校代表	男	56	
A校（タクマオ郡）	グループ	副校長	副代表	女	54	
A校（タクマオ郡）	グループ	教　員	財務	男	45	12年生
A校（タクマオ郡）	グループ	教　員	会計	女	40	
A校（タクマオ郡）	個別	村　長	名誉代表	男	67	6年生
B校（サアン郡）	グループ	校　長	代表	男	44	12年生
B校（サアン郡）	グループ	区諮問委員	委員	女	58	
B校（サアン郡）	グループ	水道会社	委員	男	40	12年生
C校（キエンスバイ郡）	グループ	校　長	代表	男	57	10年生
C校（キエンスバイ郡）	グループ	副校長	書記	男	48	12年生
C校（キエンスバイ郡）	グループ	農家・葬儀委員会	副代表	男	74	10年生
C校（キエンスバイ郡）	グループ	アチャー・寺委員会	委員	男	75	寺院学校
C校（キエンスバイ郡）	グループ	農家・村事務所	委員	男	61	10年生
D校（サアン郡）	グループ	校　長	副代表	男	44	9年生
D校（サアン郡）	グループ	教　員	会計	男	38	大卒
D校（サアン郡）	グループ	教　員	委員	男	41	大卒
D校（サアン郡）	グループ	教　員	委員	男	27	大卒
D校（サアン郡）	グループ	農家・前村長	代表	男	53	
K校（タクマオ郡）	グループ	校　長	アドバイザー	女	48	12年生
K校（タクマオ郡）	グループ	副校長	副代表	男	36	
K校（タクマオ郡）	グループ	教　員	会計	女	40	12年生
K校（タクマオ郡）	個別	アチャー	委員	男	72	10年生
P校（サアン郡）	グループ	校　長	副代表	男	59	9年生
P校（サアン郡）	グループ	自営・寺委員会	委員	男	56	6年生
R校（キエンスバイ郡）	個別	校　長	副代表	男	58	12年生
S校（キエンスバイ郡）	グループ	校　長	代表	男	48	9年生
S校（キエンスバイ郡）	グループ	教員・村開発委員会	副代表	男	28	大卒
S校（キエンスバイ郡）	グループ	教　員	書記	男	40	12年生
S校（キエンスバイ郡）	グループ	教　員	委員	男	29	12年生
S校（キエンスバイ郡）	グループ	村長・村開発委員会	委員	男	57	6年生

出典：著者作成。

表33　A校の就学者数と退学率，留年率（2003－2010年度）

年度	就学者数（人）		退学率（%）		留年率（%）	
	全体	女子	全体	女子	全体	女子
10－11	908	420	1.6	4.8	2.6	2.8
09－10	936	433	n.a	0.2	5.1	5.5
08－09	909	421	n.a	n.a	5.6	5.9
07－08	899	408	n.a	n.a	5.8	4.4
06－07	882	385	n.a	n.a	5.3	4.7
05－06	833	352	n.a	n.a	5.5	4.5
04－05	812	336	n.a	1.9	4.6	2.2
03－04	846	363	n.a	0.5	5.0	4.6
平　均	878	389	1.6	1.9	4.9	4.3

出典：MoEYS（EMIS）提供資料より著者作成。

（女子10名）の規模の大きな学校である。小学校の教室は5部屋しかないが，4部屋を教員養成学校から借りて，合計9部屋で，午前と午後の二部制で1年生から6年生までの合計18クラスを行っている。州教育局からは，積極的な学校支援委員会の一つとして指定されている。周りに寺院はないが，約2km離れたK校の隣に寺院がある。

なお，A校の2003年度から2010年度までの就学者数の平均は全体で878人（女子389人），データから得られる退学率の平均値は1.6%（女子1.9%），留年率の平均は全体で4.9%（女子4.3%）である（表33参照）。

2）B校（サアン郡）

B校は，P校と同じサアン郡内ではあるが，大きな川を挟んでいるため都市部からのアクセスが悪く，また，湿地帯であることなどからP校の地域に比べると貧しい地域である。また，漁業を営むムスリムが多く居住しており，B校周辺に大きなモスクが2か所ある。仏教寺院は周辺にはないが，50mほど北にモスク（イスラム寺院）がある。2012年度で全校生徒315人（女子142人），教職員6人（女性2人）の午前と午後の二部制の学校である。

なお，B校の2003年度から2010年度までの就学者数の平均は全体で425人（女

表34　B校の就学者数と退学率，留年率（2003－2010年度）

年度	就学者数（人）		退学率（%）		留年率（%）	
	全体	女子	全体	女子	全体	女子
10－11	429	206	n.a	1.0	6.3	7.7
09－10	441	208	n.a	6.4	10.4	12.7
08－09	444	220	n.a	3.1	5.4	4.9
07－08	445	224	6.7	9.1	4.4	4.5
06－07	475	243	1.8	3.0	10.2	11.6
05－06	451	233	6.8	8.9	5.3	4.4
04－05	398	203	2.2	2.4	7.7	5.4
03－04	323	168	5.5	7.4	9.8	8.1
平　均	425	213	7.2	7.5	8.0	8.0

出典：MoEYS（EMIS）提供資料より著者作成。

子213人），データから得られる退学率の平均値は7.2%（女子7.5%），留年率の平均は全体で8.0%（女子8.0%）である（表34参照）。

３）C校（キエンスバイ郡）

C校は，キエンスバイ郡の中心に位置し，プノンペンから地方につながる道路に面している学校である。クラスター中心校でもある。2010年度の全校生徒は354名（女子156名），教職員は14名（女子６名）の，農村部のクラスター中心校としては一般的な学校である。午前と午後の二部制で授業を行っている。広い校庭には滑り台とベンチが数個あり，道路と校庭はフェンスで分けられている。

なお，C校の2003年度から2010年度までの就学者数の平均は602人（女子285人），退学率の平均は全体8.2%（女子8.8%），留年率の平均は全体で6.9%（女子6.8%）である（表35参照）。約１km 西に寺院がある。

４）D校（サアン郡）

D校は，P校・B校と同じくサアン郡に位置する学校であるが，P校から４km ほど離れており，学校周辺は木造の高床式住居が並ぶ比較的豊かな農村

表35　C校の就学者数と退学率，留年率（2003－2010年度）

年度	就学者数（人）		退学率（%）		留年率（%）	
	全体	女子	全体	女子	全体	女子
10－11	354	156	11.3	11.9	3.1	5.6
09－10	391	160	7.7	20.4	7.7	5.2
08－09	428	191	10.0	9.4	7.0	4.7
07－08	500	235	12.8	15.3	6.9	4.5
06－07	594	288	8.2	6.2	8.3	6.5
05－06	671	338	7.1	5.8	7.6	10.8
04－05	790	398	0.5	1.8	12.3	13.0
03－04	775	397	8.7	n.a	2.8	4.4
平　均	602	285	8.2	8.8	6.9	6.8

出典：MoEYS（EMIS）提供資料より著者作成。

地であると言える。D校は，カンダール州で唯一の三部制の学校で，一部は7時から10時半，二部は10時半から1時半，三部は午後1時半から5時まで，授業を行っている。カンボジアの小学校は，木曜日は休みの場合が多いが，D校では木曜日にも授業を行っており，その場合には，教員には1日2.5ドルの手当てが出る。2012年度の全校生徒は，484人（女子212人），教職員6人（女子2人）である。

3km圏内に寺院はない。

D校の2003年度から2010年度までの就学者数の平均は全体で469人（女子219人），退学率は全体で9.7%（女子9.7%），留年率は全体で5.9%（女子4.6%）である（表36参照）。

5）K校（タクマオ郡）

K校は，A校と同じく州都のタクマオ郡の中心に位置し，A校と距離にして2kmほどしか離れていない。2012年度の全校生徒数は1018名（女子468名），教職員は41名（女子16名）の規模の大きな学校である。1年生から6年生までで，午前と午後の二部制で授業を行っている。オーストラリアのNGOから金銭的サポートと教職員への研修などのサポートを受けている。また，校庭には，子

表36　D校の就学者数と退学率，留年率（2003－2010年度）

年度	就学者数（人）		退学率（%）		留年率（%）	
	全体	女子	全体	女子	全体	女子
10－11	451	215	n.a	n.a	1.7	0.0
09－10	414	188	12.9	11.6	3.2	3.7
08－09	435	190	7.1	10.1	9.8	8.7
07－08	449	207	14.8	18.1	3.4	1.8
06－07	473	226	10.4	10.1	3.0	2.8
05－06	458	212	12.2	8.9	11.0	8.0
04－05	491	237	16.8	12.9	7.5	6.8
03－04	584	280	3.8	6.4	8.2	5.3
平　均	469	219	9.7	9.7	5.9	4.6

出典：MoEYS（EMIS）提供資料より著者作成。

表37　K校の就学者数と退学率，留年率（2003－2010年度）

年度	就学者数（人）		退学率（%）		留年率（%）	
	全体	女子	全体	女子	全体	女子
10－11	1032	504	4.8	5.6	3.9	2.9
09－10	1008	515	7.1	4.2	6.7	4.6
08－09	1070	518	8.2	8.3	5.6	5.0
07－08	1141	555	6.0	5.2	5.8	5.3
06－07	1249	599	3.8	2.2	9.2	6.3
05－06	1330	620	3.4	4.3	15.5	13.0
04－05	1481	714	4.3	3.8	17.0	14.4
03－04	1578	737	4.6	6.0	9.7	12.0
平　均	1236	595	4.3	7.5	8.0	8.0

出典：MoEYS（EMIS）提供資料より著者作成。

どもたちが遊ぶための滑り台などの遊具やベンチとテーブル，校門前に小さな池などがあり，整備されていることがうかがえる。寺院が，隣にある。

K校の2003年度から2010年度までの就学者数の平均は全体で1236人（女子595人），退学率は全体で4.3%（女子7.5%），留年率は全体で8.0%（女子8.0%）である（表37参照）。

表38　P校の就学者数と退学率，留年率（2003－2010年度）

年度	就学者数（人）		退学率（%）		留年率（%）	
	全体	女子	全体	女子	全体	女子
10－11	781	379	7.6	6.7	3.9	2.2
09－10	801	401	3.8	4.0	7.7	4.8
08－09	792	378	7.4	6.4	7.7	5.6
07－08	854	408	5.5	5.3	6.2	5.7
06－07	953	454	7.6	7.1	8.7	4.6
05－06	1072	523	0.5	0.9	7.3	5.0
04－05	1112	545	4.9	4.5	8.6	6.3
03－04	1218	580	4.7	7.8	4.6	3.5
平　均	947	458	5.2	5.3	6.8	4.7

出典：MoEYS（EMIS）提供資料より著者作成。

6）P校（サアン郡）

P校は，サアン郡の中心に位置する学校である。学校周辺は市場や商店が並び，2階建てコンクリート造の家が多いことから経済的に豊かな地域であると言える。P校は，2012年度の全校生徒785人（女子359人），教職員20人（女子8人）の午前と午後の二部制の学校である。校舎は4棟あり，校庭には植木が並び，広いグラウンドがある。校庭と道路の間には塀があるなど，地方の町中の一般的な学校である。約400m南に寺院がある。

P校の2003年度から2010年度までの就学者数の平均は全体で947人（女子458人），退学率は全体で5.2%（女子5.3%），留年率は全体で6.8%（女子4.7%）である（表38参照）。

7）R校（キエンスバイ郡）

R校は，C校のクラスター周辺校にあたる学校でC校から1kmほど離れたところに位置している。C校と同じ県道に面しており，周りは木造の高床式住居が並んでおり比較的豊かな農村地であるといえる。R校は，かつては1年から4学年までの学校であったが，調査時の2011年には6学年までに学年が増えた。2011年度の全校生徒242人（女子66人），教職員8人（女性4人）の午前と午

表39　R校の就学者数と退学率，留年率（2003－2010年度）

年度	就学者数（人）		退学率（%）		留年率（%）	
	全体	女子	全体	女子	全体	女子
10－11	285	78	3.3	12.2	4.7	6.1
09－10	300	98	7.2	14.0	4.2	1.8
08－09	306	114	4.3	9.6	8.0	11.1
07－08	349	135	3.3	2.9	5.1	2.2
06－07	336	139	1.4	1.7	4.2	8.6
05－06	283	116	0.8	0.0	14.6	21.1
04－05	260	114	n.a	n.a	6.7	12.9
03－04	178	70	6.8	5.4	6.8	16.1
平　均	287	108	3.8	6.5	6.8	9.9

出典：MoEYS（EMIS）提供資料より著者作成。

後の二部制の学校である。校庭と道路の間には塀があり，校門前には植木が並べられ整備されている。道路を挟んで向かいに寺院がある。

R校の2003年度から2010年度までの就学者数の平均は全体で287人（女子108人），退学率は全体で3.8%（女子6.5%），留年率は全体で6.8%（女子9.9%）である（表39参照）。

８）S校（キエンスバイ郡）

S校は，C校のサテライト校にあたる学校でC校からは8kmほど離れたところに位置している。C校に面している県道から外れたところに位置し，周りはバラックなどの小さな家が並んでおり，C校のある地域に比べると貧しい地域である。また，校舎は4教室だけで，2011年度の全校生徒は199人（女子100人），教員5人（女性2人）の学校である。校庭と道路の間のフェンスや校庭の遊具やベンチなどもない。100m西に寺院がある。

S校の2003年度から2010年度までの就学者数の平均は全体で270人（女子121人），退学率は全体で8.7%（女子10.2%），留年率は全体で9.8%（女子7.2%）である（表40参照）。

表40　S校の就学者数と退学率，留年率（2003－2010年度）

年度	就学者数（人）		退学率（%）		留年率（%）	
	全体	女子	全体	女子	全体	女子
10－11	206	105	1.4	n.a	4.1	4.6
09－10	217	108	n.a	3.8	9.5	5.7
08－09	210	105	8.1	10.6	11.4	8.7
07－08	236	104	15.6	9.9	15.6	12.6
06－07	276	111	8.9	10.1	12.1	8.5
05－06	305	129	9.6	15.1	9.6	7.2
04－05	352	152	9.4	13.8	10.2	5.7
03－04	363	159	8.7	8.0	6.2	4.9
平　均	270	121	8.7	10.2	9.8	7.2

出典：MoEYS（EMIS）提供資料より著者作成。

第4章
学校支援委員会による学校ガバナンス

1　学校支援委員会による学校運営における参加

（1）　意思決定を含む権限

学校は，毎年学年度開始前に学校年次計画を立てており，学校支援委員会は，この学校年次計画の策定を行う。また，学校裁量が可能な予算であるプロジェクト・バジェット（Project Based Budget，以下PB）の申請を行うためには，PB委員会を開催して学校の年次計画に対する予算計画への意見と承認を得ることが必要である。学校支援委員会（School Support Commitee）は，このPB委員を兼任しており，承認を行うという権限を持っている。学校の年次計画と学校の予算計画は，学校運営の核であることから，学校支援委員会は非常に重要な意思決定を行っていると言える。

そこで，各学校がこの「学校の年次計画策定と，それに対する予算計画への意見を述べることと予算計画における承認を行うこと」を実施しているのか，また，どのように意思決定を行っているのかを明らかにするために，会議の実施状況と会議の内容，会議への参加の程度，意思決定の方法についての質問を行った。なお，教育ユース・スポーツ省は学校支援委員会の会議を年間2回，PB会議を年間5回の合計7回行うよう指導している。

この際，「学校の年次計画とそれに対する予算計画への意見を述べることと予算計画における承認を行うこと」を実施しているのかという直接的な質問を避けた理由は，例えば会議を介さずに，もしくは，学校支援委員会の学校関係者以外の委員を介さずに「予算計画における承認」を行っている場合であったとしても，学校支援委員会が「予算計画における承認」を行ったとしてPB予算を受け取ることができ，結果的にここで求めている回答が得られないからである。ここで求めている回答は，学校関係者を含む学校支援委員会の委員全員が会議に参加し，議題に対して議論をして，意思決定を行っているかということである。実際に，本調査を行った全ての学校は，PB予算を受け取っている。しかし，PB予算を受け取っているからといって，学校支援委員会の委員が全員で意思決定を行ったとは限らない。そのため，会議の実施状況と学校支援委員会の会議中の発言の様子，意思決定の方法を知ることで，学校支援委員会の権限を確認することができると考えられる。

1）A校

A校は学校支援委員会会議を年に3回実施している。1回目は年度初めで，学校での問題や解決方法を議論し，2回目は年度半ばに1回目の問題や解決についての評価と新たな学校での諸問題についての議論を行い，3回目はそれまでの全ての評価を行っている。また，予算申請を行うためのPB委員会も実施している。会議には学校支援委員会の委員が全員参加している。

校長を含めた教員の学校支援委員会委員でのグループ・インタビューで，校長は，学校支援委員会は学校計画に関する会議には全て参加することになっており，学校運営において責任のある委員であると述べている。会議の中では，議題を中心に，皆が意見を出し合うとも述べている。

地域住民の学校支援委員会委員のインタビューでも，学校支援委員会委員の村長は，会議には毎回参加していると述べている。

A校においては，委員会が委員を評価し，再任するかどうかを考える機会を設けており，積極的に参加することが求められている。地域住民の学校支援委員会委員の村長は，3年間学校支援委員会を務めており，積極的に学校支援委員会に関わっていると述べている。

これらのことから，A校においては，学校支援委員会の委員が権限を持っていることが認められる。

2）B校

B校は，学校支援委員会の会議を年に2回開催している。年始の1月と年の半ばの2回であるが，2回目の開催が延期され年末に行うこともある。本調査を実施した2012年は1回会議を行っているが，学校支援委員会の委員の入れ替えがあったため，2回目の会議はまだ行われていない。会議には毎回全員が参加している。

会議での議題は主に，学校運営のための予算計画と月単位での学校活動についてである。また，前回の会議では，これらの議題とは別にコミュニティ内での教育強化について話し合っている。この地域にはプレスクールがないため，在宅教育プログラムの実施のためにいくつかのグループを地域に作り，コミュニティネットワークを構築していくように，州教育局から要請されている。B校内にプレスクールを設置することも検討事案にあると校長は述べている。

会議の中では，州教育局からの要請に応えるべく，新たな委員でさまざまな意見が出されたが，具体的な計画策定には至っていない。多民族が暮らす地域で新たなプロジェクトを立ち上げるためには，多様な意見や考えを取り入れ，議論をしていく必要がある。このことは，校長と学校支援委員会委員が議論を繰り返し行い，まとめようとしていることを示唆している。

学校支援委員会の活動について自己評価する質問を出し，委員内でディスカッションの様子を観察した。校長は，主に議事進行をしながら，他の学校支援委員会委員にそれぞれの意見を求め，まとめようと努めていた。他の学校支援委員会委員は，積極的に自分たちの考えを伝え，自分の考えと異なる意見が出た時には，具体的な例を出しながら指摘をしていた。

これらのことから，B校においては，学校支援委員会委員が積極的に意見を出し，議論をしていることが認められ，学校支援委員会が権限を持っていることが認められた。

3）C校

C校では，学校支援委員会の会議，PB 会議を年に合計で7回行っている。

C校は地域の学校クラスターの中心校であり，PB会議を年に一度クラスター校と合同で行っている。会議の内容は，年次計画やそのモニタリングなどを行っている。校長や他の委員は共に，毎回全員が出席していると述べている。会議の進行について校長と副校長に聞いたところ，主に校長が進行役となり，意見を求める必要があれば皆に意見を求めると答えている。また，さまざまな意見が出るとも答えている。

地域住民である学校支援委員会3名に会議について聞いたところ，意見を求められれば発言をすると答えている。

これらのことから，C校においては，学校支援委員会は，会議に参加して意思決定はしているものの，積極的な権限ではなく，校長をトップとして補佐的な機能であると言える。

4）D校

D校は，学校支援委員会の会議を年に3回，PB会議を年に3から4回実施している。学校支援委員会とPB委員会の委員が同じことから，毎回PB委員会と学校支援委員会を合同で行っており，毎回全員が参加していると全員が答えている。会議の主な内容は，年度開始前の会議ではPB予算の執行計画を，年度末の会議では翌年の学校計画と年度内に使用した予算報告を行っている。

D校では，前村長が学校支援委員会代表を務めている。調査では，代表である前村長に会議での内容について質問をしたが，「分からない」を繰り返し，結局，副代表である学校長が回答をしている。

このことから，学校支援委員会の委員，とりわけ地域住民の学校支援委員会である前村長は，十分に権限を行使できていないことが認められた。

5）K校

K校は，学校支援委員会の会議を年に3回実施している。1年の内，年度初めに年度の実施計画について，2回目はその評価とまとめを行い，3回目の会議では次年度についての計画を話し合っている。学校支援委員会委員は主要な委員７名に加え，児童の保護者からランダムで選んだ保護者５名，合計12名と今回の調査の中で最も多い数である。「委員は会議には毎回，７割ほどが参加するが，名誉代表の区長はほとんど会議に来ることはない」と校長は述べている。委員は会議に参加していてもほとんど意見を述べることはなく，全く協力的ではない。学校支援委員会は形だけ，名前だけの委員会であると校長は述べている。また，別にインタビューを行った地域住民の学校支援委員会委員は，会議に参加はしているが，特に積極的に意見を出すことはなく，求められれば意見を言うだけであると述べており，校長のインタビューでの回答を裏付けている。

これらのことから，K校においては，学校支援委員会委員は，会議に参加しても，十分に権限を行使していないことが認められた。

6）P校

P校では，学校支援委員会の会議は，１年のうち，年度初めと年度終わり，時に年度途中の合計２回または３回行っている。また，PB委員は，１年に４，５回，PBの受け取り次第で日程が決められ，会議を開催している。会議の内容は，主に学校の発展について，校庭の塀や建物の維持や学校のセキュリティについて，学校資金，そして寄付を募るための方法について意見が交わされる。

P校の学校支援委員会委員は，校長と副校長以外はすべて地域住民で構成されているが，毎回全員が出席しており，意思決定は学校支援委員会の会議の中で行っていると校長は述べている。ただし，PBの配分の時期により，地域住民の学校支援委員会委員が参加できないことがあり，教員のみでの会議を実施することもあると校長は述べている。

P校では，校長と保護者代表の学校支援委員会の２名でのインタビューの間，そのほとんどを校長が答えており，保護者代表の学校支援委員会委員は，校長が分からないところをサポートする補佐的な役割がうかがえた。

これらのことから，P校において学校支援委員会は，会議に参加し意思決定はしているものの，積極的というよりも，校長をトップとして補佐的な機能であると認められた。

7）R校

R校には，学校支援委員会と保護者会が設置されている。保護者会は，学校支援委員会の活動をサポートするために，学校支援委員会の設立と同時に校長の権限で組織されている。学校支援委員会の活動を保護者会がサポートすることにより，より円滑に学校支援委員会が運営され，また学校の問題や意思決定において有効であると校長は考えている。

会議は，1か月に1度学校支援委員会と保護者会と合同で実施されている。また，PB委員会も同時に開催している。会議への参加は学校支援委員会の委員も保護者会の委員も義務であり，会議への参加や貢献が少ない場合には，学校支援委員会および保護者会からの脱退を強いられることになる。また，保護者会，学校支援委員会ともに会議や活動への積極性を委員内で評価し，必要に応じて委員の入れ替えを行うなど，会議や活動への貢献が委員の条件となっている。そのため，会議へはほぼ全員が参加し，積極的な意見が交わされていると校長は述べている。また，意思決定については，保護者会での意思決定は，学校支援委員会に伝えられ，学校支援委員会が多くの意思決定を議論の上で行うと，校長は述べている。

このことから，R校においては，学校支援委員会は意思決定を行う権限を持っていることが認められる。

8）S校

S校は，学校支援委員会の会議とPBの会議を合わせて1年に合計8回行っている。教員の学校支援委員会委員はすべてに参加することになっているが，地域住民の学校支援委員会については，8回のうち1回のみの参加で，用事がある場合には，直接学校に連絡をすることにしていると校長は述べている。また，学校支援委員会は合計10名であるが，会議への参加度は学校支援委員会の副代表務める教員が「毎回参加する」と答えた以外は，代表である校長も「時間がある時」と答えていることから，会議の開催や出席状況が十分でないことが示唆される。地域住民の学校支援委員会を含む会議が少ない理由を聞いたところ，校長は，「村の人たちは忙しく，また貧しいので，学校のことについては依頼することができず，教員で対応しなければならないと考えている」と答えている。また，地域住民の学校支援委員会委員に会議の内容について質問をしたところ，「わからない」と答えており，地域住民の学校支援委員会委員が，学校とほとんど関わりを持っていないことがうかがえる。

このことから，地域住民の学校支援委員会は会議に参加しておらず，学校支援委員会の権限を行使できていないことが認められる。

（2）情　報

学校支援委員会の委員が学校の年次計画策定や予算計画についての意見や承認を行うにあたり，児童数などの基本的な情報を含めて学校運営についての情報を把握しておく必要がある。カンボジアの学校では，教員室の壁に学校年次計画や学校の就学者数や退学者数，進級者数，留年者数など児童数の表やグラフ，クラス編成，時間割，教員の名前や写真，学校内の委員会の組織図などを掲示している学校もある。そうすることで，学内外の関係者に一目で状況を説明することができるからである。また，地域住民からの寄付なども彼らの役割であるため，寄付金額やその用途を把握しておくことが求められる。情報の伝達については，口頭での伝達以外にも，資料として配布したり，委員が集まる場所に掲示するなどの方法がある。

そこで，各学校がこれらの情報をどのように委員間で共有しているのか，学校の児童数，教員数について，学校の情報をどのように共有しているのか，地域住民の学校支援委員会委員に尋ねた。そのうえで，書類の管理を行っている校長に学校やPBに関する資料の提示を求めた。

1）A校

A校では，会議の場で常に皆が同じ情報を共有できるように話をしていると，校長は述べている。また，学校年次計画や学校の児童数やクラス編成，時間割などは，職員室兼会議室の壁に大きく表示してあり，PB の予算や学校支援委員会の委員などの書類は，校長がファイリングをして保管している。PB の書類の提示を求めたところ，すぐに的確な書類を提示された。

A校では，毎年，入学希望の児童数が受け入れ可能な児童数を上回っているため，学校支援委員会で受け入れ人数を検討し決定したうえで，入学の選考を行っている。そのため，児童の人数の把握などは特に重要である。

これらのことから，A校では，学校支援委員会において十分な情報が共有されていると認められた。

2）B校

B校でも，A校と同じく会議の場で常に皆が同じ情報を共有できるように話をしていると校長は述べている。また，A校と同じく学校年次計画や学校の児童数やクラス編成，時間割などは，職員室兼会議室の壁に大きく表示してあり，PB の予算や学校支援委員会の委員などの書類については，校長がファイリングをして保管している。PB の書類の提出の提示を求めたところ，すぐに的確な書類を提示された。

B校の地域は，ムスリムが多く，民族間の文化の違いによる衝突もあるため，特に子どもたちの家庭についての情報の共有は必須である。校長は，子どもたちの様子についても，会議の中で話をするように努めていると述べている。

これらのことから，B校では，学校支援委員会において十分な情報が共有されていると認められた。

3）C校

C校でも，A校やB校と同じく会議の場で常に皆が同じ情報を共有できるように話をしていると校長は述べている。しかし，学校年次計画や学校の児童数やクラス編成，時間割などは教員室兼会議室の壁に掲示していない。また，PB に関する書類等も学校には保管されておらず，必要な書類は校長の自宅に保管している。

これらのことから，C校では，学校支援委員会が情報を十分に共有できているとは認められない。

4）D校

D校では，学校年次計画や学校の児童数やクラス編成，時間割などは職員室兼会議室の壁に掲示していない。また，PBに関する書類等も学校には保管されておらず，必要な書類は校長の自宅に保管している。また，会議の場で必要な情報を話していると校長は述べている。しかし，5人いる学校支援委員会のうち，前村長を除いて全員が教員という状況と，会議には参加していると前村長は言っているものの，会議の内容について理解していないことから，学校での状況について必要な情報を共有できているとは言えない。

これらのことから，D校では，学校支援委員会が必要な情報を共有できているとは認められない。

5）K校

K校では，A校，B校，C校と同じく会議の場で常に皆が同じ情報を共有できるように話をしていると校長は述べている。しかしながら，学校支援委員会の会議での参加状況は7割ほどであることから，皆が同じように情報を共有できているとは言い難い。また，子どもたちの学校内での問題行動などについても，学校支援委員会に報告や連絡することは全くない。K校では，学校年次計画や学校の児童数やクラス編成，時間割などは職員室兼会議室の壁に掲示してはいない。

これらのことから，K校では，学校支援委員会が情報を十分に共有できているとは認められない。

6）P校

P校では，会議の場で常に皆が同じ情報を共有できるように話をしていると校長は述べている。また，学校年次計画や学校の児童数やクラス編成，時間割などは，教員室兼会議室の壁に大きく掲示されていたが，PB の予算については，校長がファイリングして自宅に保管している。

これらのことから，P校では，学校支援委員会において最低限の情報は共有されていると認められた。

7）R校

R校での情報共有については，常に皆が同じ情報を共有できるように会議の場で話をすることと校長は述べている。特にR校では，会議への参加率が低い場合には，委員を退任することになっており，委員の会議への参加率がとても高い。また，学校年次計画や学校の児童数やクラス編成，時間割などは，職員室兼会議室の壁に大きく表示してあり，PB の予算や学校支援委員会や保護者会の委員構成，その役割など，学校支援委員会や保護者会において必要となる書類は職員室兼会議室内にある校長の机付近の壁に掲示されており，その他細かな書類については，校長の机後ろにある鍵付きの棚にきれいにファイリングされ保管されていた。学校支援委員会や保護者会で必要になるであろう PB の書類の提示を求めたところ，すぐに的確な書類を提示された。

これらのことから，R校では，学校支援委員会並びに保護者会において，十分な情報が共有されていると認められた。

8）S校

S校では，地域住民の学校支援委員会は年に1回しか会議に参加していない。また，多くの学校が職員室兼会議室に学校年次計画や学校の児童数やクラス編成，時間割などを掲示しているが，S校においては確認できなかった。また，資料を保管する棚もなく，全ての書類は校長の自宅に保管されている。

これらのことから，S校では，学校支援委員会内で十分な状況の共有がされているとは認められない。

（3）　知識と技術

学校支援委員会が与えられた任務を遂行するためには，委員としての能力を向上させるための知識と技術が必要である。年に数回の会議への参加，学校支援委員会内での会議運営の方法や会計や書記の方法，寄付金集めや地域との連携，また児童の保護者たちに対して教育のアドバイスを行うなどさまざまな知識と技術が必要となる。そこで，各学校がその知識と技術の供与をどの程度行っているのか地域住民の学校支援員会委員に尋ねた。

なお，行政としては，1年に1度，州内で各学校の学校支援委員会を対象として「教育の重要性」などについての研修会を実施している（州教育局職員インタビューより）。

1）A校

A校では，1年に1回，テクニカル（技術）委員会を開催し，会議の進め方や学校支援委員会の運営の方法などについての研修会を行っている。

A校は，教員養成学校内にあり，また，学校支援委員会の1人が州の教育局局員である。また，学校支援委員会の会議にも全員が出席し，積極的な議論が行われていることから，学校支援委員会の運営においても，教育相の方針に従っていることが想像できる。

2）B校

区の諮問委員を兼任している学校支援委員会委員は，調査の前年に学校支援委員会全員が出席する学校表彰（活発な学校の学校支援委員会は1年に1度表彰されることになっている）と研修会に出席した。本来ならば学校支援委員会は全員出席であるが，他の委員は忙しくて出席できなかったため，1人で出席をした。内容は，子どもの就学促進，退学した子どもたちの復学，児童労働禁止の喚起についてで，学校支援委員会として学校や地域の人たちに呼びかけるよう要請があった。この委員は，区の諮問委員会の委員であるため，学校支援委員会と諮問委員の両者の立場から参加し，研修以降は，地域の人たちに教育の重要性を積極的に伝えていると述べている。ただ，研修に参加して間もないため，他の学校支援委員会に研修で得た知識を共有するに至っていない。

また，直接学校支援委員会に対する研修ではないとしながらも，校長研修では学校運営の研修があり，学校支援委員会の運営にも大いに役に立っていると校長は述べている。

3）C校

学校支援委員会に対する知識や技術の提供は行われていない。校長によると学校の年次計画や予算申請書類は主に校長が作成しているため，他の学校支援委員会にはそれらを行うための技術や知識は不要であると述べている。

4）D校

D校では，学校支援委員会に対する知識や技術の提供は行われていない。PBのための書類作成などは，知識や技術の提供がなくとも，これまでにやってきたと校長は答えている。

5）K校

K校では，学校支援委員会に対する知識や技術の提供は行われていない。

6）P校

P校では，学校支援委員会に対する知識や技術の提供は行われていない。

7）R校

R校では，学校支援委員会に対する知識や技術の提供は行われていない。

8）S校

S校では，学校支援委員会に対する知識や技術の提供は行われていない。

（4）報　酬

高関与モデルにおいて参加を促進すると考えられている報酬は，学校支援委員会の委員には，基本的に支払われることがなく，皆が無償で行っている。しかし，学校によっては交通費やお礼としての報酬が支払われる場合もある。また，金銭や物品の物的報酬とは別に，やりがいや関与に対する喜びなどの情緒的報酬も含まれることに留意する必要がある。

1）A校

A校では，学校支援委員会に物を贈るという慣習はなく，学校支援委員会は皆，無償で行われている。校長は次のように答えている。

A校校長：彼ら（学校支援委員会）には，ボランティアで学校支援委員会を引き受けてもらっているので，彼らは学校支援委員会の仕事に対する報酬は，何も必要とは思っていないと思う。彼らは純粋に学校をサポートしてくれています。彼らが望んでいるのは学校が発展していくことです。彼らは，この学校のことを好きでいてくれるので，サポートしてくれていると思っています。会議の時には，ちょっとしたスナックと水程度を用意しています。

一方で，学校支援委員会の名誉代表は，毎回，校長からガソリン代として2.5ドル受け取っている。「そのお金がどこから拠出されているのかについては知らないが，ガソリン代だけしか出ないとしても，とてもありがたい」と委員は述べている。

また，A校では，学年末の全校児童を集めたセレモニーで，成績優秀者への表彰を行っている。その際に，学校支援委員会の名誉代表が学校を代表して，子どもたちに表彰状を贈る役割を担っている。学校支援委員会の名誉代表は，学校支援委員会委員として学校の運営にかかわることについては，光栄であると述べている。

これらのことから，学校支援委員会は基本的に無償であるが，ガソリン代や会議の際のお菓子や水などの学校側のできる限りの心遣いなどを通して，また，学校運営が学校支援委員会のうえで成り立っているというパフォーマンスを通して，学校運営に関わりやすい環境づくりを行っていることが示唆される。

2）B校

学校支援委員会に対しての金銭的な報酬はない。そのことが，学校支援委員会への参加が少ない理由の一つであると校長は述べている。また，学校支援委員会委員のひとりは，保護者や住民の参加を促す方策として，NGO が会議に参加した児童とその保護者に食事を提供したことを例に出し，何らかの報酬があることで，保護者や地域住民の学校参加が促進されると述べている。

3）C校

学校支援委員会に対しての金銭的な報酬はない。しかし，年度開始時に保護者や地域住民に対して行うセレモニーにおいて，学校の購買での売り上げの一部で購入したカバンやズボンなどの物品を学校支援委員会へのお礼として地域住民の学校支援委員会委員に渡しており，学校側からの何らかのお礼の気持ちを伝えることは学校支援委員会委員に積極的に関わってもらうために最も大切なことであると校長は述べている。

一方で，地域住民である学校支援委員会委員からは，学校支援委員会で物品を購入した場合，立て替えをしなければならず，多くの場合その支払いに時間がかかるので，負担がかかると学校支援委員会は述べている。また，学校支援委員会は，無償で学校支援委員会委員を引き受けているが，子どもたちの役に立てるならばうれしいと答えている。

4）D校

D校では学校支援委員会に対しての金銭的な報酬はない。校長は，以下の様に答えている。

D校校長：学校支援委員会の仕事は，給料のないボランタリーな業務です。私たちは，お金のことは考えずに学校とコミュニティの役に立つためにやっています。

5）K校

K校では，学校支援委員会に対しての金銭的な報酬はない。

6）P校

P校では，学校支援委員会に対しての金銭的な報酬はない。逆に，物品を立て替えて購入した場合，PBの配分が行われるまで待たなければならず，それが学校支援委員会にとっての負担になると校長は答えている。

7）R校

R校では，会議の場でお菓子などの差し入れをする程度で，それ以外は学校支援委員会に対しての金銭的・物的な報酬はない。

8）S校

S校では，学校支援委員会に対しての金銭的な報酬はない。

（5）　学校支援委員会の関与は退学率，留年率にどのように影響するのか

高関与モデルでは，SBMにおいて権限，情報，知識と技術，報酬の4つの要素があれば組織に対する関与の度合いが高く，関与の度合いが高いほどSBMがよりよく機能していると言える。

この高関与モデルに従って，A校，B校，C校，D校，K校，P校，R校，S校の権限，情報，知識と技術，報酬の4要素がどの程度供与されているのかを調査した結果をまとめたものが表41である。ここでは，十分に供与されている場合を2点，少しでも供与されている場合を1点，まったく供与されていない場合を0点として点数化し，4点以上を高関与グループ，1から3点を中関与グループ，0点を低関与グループに分けた。

その結果，高関与グループにはA校，B校，R校が，中関与グループにはP校，C校，K校が，そして，低関与グループにS校，D校が当てはまった。これは，つまり，学校や学校支援委員会によって関与の度合いが異なることを示

表41　8校の学校支援委員会の関与の度合い

グループ／関与の度合い	学校	権限	情報	知識と技術	報酬	合計
高関与（4以上）	A校	2	2	2	1	7
	B校	2	2	1	0	5
	R校	2	2	0	0	4
中関与（1－3）	P校	1	1	0	0	2
	C校	1	0	0	1	2
	K校	1	0	0	0	1
低関与（0）	S校	0	0	0	0	0
	D校	0	0	0	0	0

出典：著者作成。

表42　8校の退学率と留年率の平均値と順位（2003-2010年度）

グループ／関与の度合い	学校	退学率（%）			留年率（%）		
		全体の順位	全体	女子	全体の順位	全体	女子
高関与	A校	1	1.6	1.9	1	4.9	4.3
	B校	5	7.2	7.5	5	8.0	8.0
	R校	2	3.8	6.5	3	6.8	9.9
中関与	P校	4	5.2	5.3	3	6.8	4.7
	C校	6	8.2	8.8	5	6.9	6.8
	K校	3	4.3	7.5	6	8.0	8.0
低関与	S校	7	8.7	10.2	7	9.8	7.2
	D校	8	9.7	9.7	2	5.9	4.6

出典：MoEYS（EMIS）提供資料より著者作成。

している。

次に，8校全てのデータを揃えることができた2003年度から2010年度までの留年率と退学率の平均値と，内部効率性の良い（パーセントの低い）順番に並べた「全体の順位」を，表41で示した関与の度合いのグループに当てはめたものが表42である。

これによると，高関与グループのA校，B校，R校の全体の退学率は1.6%，7.2%，3.8%となっており，退学率の低い順から1番，5番，2番となっている。同様に，中関与グループのＰ校，Ｃ校，Ｋ校の全体の退学率は5.2%，8.2%，4.3%となっており，退学率の低い順から４番，６番，３番となっている。また，低関与グループのＳ校，Ｄ校の全体の退学率は8.7%，9.7%となっており，退学率の低い順番から７番，８番となっている。これらから，Ｂ校を例外として，高関与グループ，つまり学校支援委員会の関与の高いグループは退学率が低く，低関与グループ，つまり学校支援委員会の関与が低いグループは退学率が高いことがわかる。このことは，学校支援委員会の関与が高いほど退学率が少なく，学校支援委員会の関与が低いほど退学率が高いと言い換えることができる。

しかし，Ｂ校が高関与グループにもかかわらず，退学率が高くなっている理由は，第一に現在の校長が赴任するまで学校支援委員会が１名のみでほとんど機能しておらず，校長の赴任後に，州の教育局の要請により学校支援委員会を増員し，現在の学校支援委員会は委員になって１年ほどであることから，学校支援委員会の影響が十分に及んでいないと考えられる。第二に，もともとＢ校の学校地域はムスリムが多く暮らす地域であり，川での漁を中心に生計を立てている家庭では漁繁期には，家業を手伝い学校に来ない子どもが多いなど，家庭の状況に左右されやすい就学状況であることが考えられる。第三期の追跡調査から明らかになったこととして，2012年から2018年で退学した子どもたちの多くが300m 先にある小学校への転校であるという。カンボジア王国としてはマイノリティのムスリムであるが，ムスリムが多く暮らすこの地域では，Ｂ校の実に95%がムスリムであるという。ムスリムはチャム語を話し，習慣も異なることからクメール人[(29)]との共存が難しく，学区選択制のカンボジアでは，多くのクメール人が他校に転校していることから退学率が高くなっていると考えられる。

また，留年率と関与の度合いで見ると，高関与グループのＡ校，Ｂ校，Ｒ校の全体の留年率は4.9%，8.0%，6.8%となっており，留年率の低い順から１

(29)　国家という枠組みで国民を示すときにはカンボジア人という表現を使うが，民族的な枠組みで人々のグループを示すときにはクメール人という表現を使う。

番，５番，３番となっている。中関与グループのＰ校，Ｃ校，Ｋ校の全体の留年率は，6.8%，6.9%，8.0%となっており，留年率の低い順から３番，５番，６番となっている。また，低関与グループのＳ校，Ｄ校の全体の留年率は，9.8%，5.9%となっており，退学率の低い順から７番，２番となっている。これらから，Ｂ校は留年率が高く，Ｄ校は留年率が低いことを除いて，高関与グループ，つまり学校支援委員会の関与の高いグループは留年率が低く，低関与グループ，つまり学校支援委員会の関与が低いグループは留年率が低いことがわかる。しかし，Ｂ校とＤ校の留年率のと関与グループとの不一致から，退学率ほどこのことが明確に示されているわけではない。Ｂ校については，退学率同様，学校支援委員会の委員の期間が短く影響が及んでいないことと，家庭の状況に左右されやすい就学状況であることと考えることができる。Ｄ校においては，他校との違いとしてあげられるのは，学校支援委員会の委員である教員に大卒の学歴の教員が２名いることである。Ｄ校の留年率が低く退学率が高いという結果のみをみれば，留年よりも退学を選ぶ子どもが多いと言うこともできる。しかしこのことは，想像の域を超えず，学校支援委員会の関わりとは直接的な関係があるとも言えない。したがって，学校支援委員会の関与が高いほど留年率が少なく，学校支援委員会の関与が低いほど留年率が高いとは必ずしも言えないが，そのような傾向があると言える。

しかし，これらは必ずしも関与の度合いのみで説明できるとは言えない。なぜ関与が高いのか，低いのか，なぜ情報が十分に共有されているのか，されていないのか，これらを検証しなければ，関与の高さと退学率や留年率の低さとの相関関係があるとは言えない。

そこで，次節以降で，学校支援委員会の委員の構成，コミュニティとの連携や，PB 以外の学校裁量が可能な予算のための寄付金集めの有無，また，学校支援委員会そのものへの役割の理解や学校支援委員会への期待度などにより，学校支援委員会の関与の度合いを説明する試みを取り入れたい。また，学校の立地や規模などの条件によっても，学校支援委員会の関与の度合いに違いが表れると考えられる。そして，そこから，学校支援委員会の関与を阻害する要因と促進する要因を導き出すことができると考えられる。

2　学校支援委員会からみる住民参加と意思決定

（1）　学校支援委員会の構成

学校支援委員会の委員は，校長が選んだ選挙委員によって，地域で影響力のある人，支援者，または前回の委員という条件の候補者から，新学期が始まる１か月前に選挙が行われ，選ばれることになっている。そして，選任された，委員長，副委員長，委員が名誉委員長，アドバイザー，会計，財務そして書記を選ぶことになっている。また，各委員には例えば地域の権威者，元教育局担当者，村長や区長などから選任するなどの規定がある。

そこで，インタビューの中で，委員の属性などの詳細と委員の選考について調査を行った。なお，インタビュー対象者以外の委員の属性などの詳細については，インタビューの調査対象者から回答を得たもので，本人から提示された詳細ではないことと，委員について知らない場合には詳細を提示してもらうことができなかったことを付記しておく。

①各学校の構成員と詳細

１）Ａ校

表43は，Ａ校の学校支援委員会委員とその属性である。８名の委員の内，校長を含む教員が６名，保護者を含む地域住民が２名である。また，８名のうち３名が女性である。

Ａ校は，州都の中心に位置する学校であり，教員養成学校の中に併設されている。寺院との距離は，約２km である。また，地域代表は，現職の州教育局職員であることから，学校支援委員会を含む学校での教育活動については教育局からの指示や方針を忠実に守っていると考えられる。実際に，学校支援委員会の選任については，他の学校が全て校長による選任である一方，Ａ校につい

表43　A校の学校支援委員会委員と属性

役割	年齢	性別	年数	最終学歴	職業	その他
名誉代表	67	男	3年	6年生	村長	寺委員会
学校代表	56	男	5年以上	10年生	校長	
副代表	54	女	5年以上	12年生	副校長	
地域代表		男			州教育局職員	
委員		女			教員	
財務	45	男	5年以上	12年生	教員	
書記		男			教員	
会計	40	女	5年以上	12年生	教員	

出典：著者作成。

ては学校支援委員会の方針通り選挙にて選任していると校長は述べている。また，委員については，教育局の方針通り，委員同士での評価を行い，それに応じて委員の入れ替えを行っている。

2）B校

表44は，B校の学校支援委員会とその属性である。校長を含めて5名の学校支援委員会がいるが，校長以外は地域住民で構成されている。B校では，校長が赴任して来た時には，学校支援委員会は1名しかいなかった。本来小規模校であっても4－5名の学校支援委員会が必要であるため，州教育局の指示により3名の学校支援委員会に委員を増やしたが，もう1人増やすよう再度指示があったため，他の学校の学校支援委員会に依頼してB校の学校支援委員会を兼任してもらっている。委員で水道会社を営む男性は，他の学校の学校支援委員会を依頼されたが，B校と自分の仕事で精一杯のため，断ったと述べている。

学校支援委員会は，校長が直接依頼をしているが，これまで多くの人に忙しいことを理由に断られている。校長によるとその理由は，地域内の民族共生の難しさにあるという。B校のある地域には497家族のムスリムと，125家族のクメール人が暮らしている。そのため，学校内で，民族間での慣習の違いからくる難しさがあると校長は述べている。例えば，ムスリムの家族の多くが漁業を

表44　B校の学校支援委員会委員と属性

役割	年齢	性別	年数	最終学歴	職業	その他
代表	44	男	4年	12年生	校長	
副代表	56	男	5年以上	不明	村長	ムスリム
委員	62	男	1年	不明	地主	
委員	58	女	1年	不明	区の諮問委員	ムスリム
委員	40	男	1年	12年生	水道会社	ムスリム

出典：著者作成。

営んでおり，漁業の漁繁期になると家族は子どもたちに漁業を手伝わせるため，子どもたちは学校に来なくなるなど，学校内でムスリムの子どもたちをクメールの子どもたちと同様に扱うことができない。学校運営においてはムスリムとクメールが共存していることからくる困難を察して，多くの人に学校支援委員会になることを断られたと校長は述べている。

現在の学校支援委員会の委員は，地域住民のムスリムが3名，そのうち1名は村長，1名は女性である。ムスリムを加えた理由は，先に挙げた民族共存の難しさを乗り越えることが目的であり，また，女性を加えた理由は，女子特有の問題を解決することを目指したことである。実際に，女子の問題について，女性の学校支援委員会が対応したことで，スムーズに問題が解決したと校長は述べている。さらに，もう1人の別の学校支援委員会の委員は，水道の供給に携わっており，B校の水道工事を行うなど，学校の環境整備などに大いに貢献している。なお，仏教寺院は周辺にはないが，50m ほど北にモスク（イスラム寺院）がある。

3）C校

表45はC校の学校支援委員会委員の属性である。5名の委員のうち，1名は校長で，残りの4名は全員が保護者および地域住民であり，校長の依頼によって学校支援委員会委員になっている。副校長は，小学校と高校に子どもが1人ずつおり，いわば保護者代表であるとも言える。全員が5年以上学校支援委員会の委員に携わっている。5名全員が男性である。女性が委員に入ることにつ

表45　C校の学校支援委員会委員と属性

役割	年齢	性別	年数	最終学歴	職業	その他
代表	57	男	5年以上	10年生	校長	
副代表	74	男	5年以上	10年生	農家	葬儀委員会
書記	48	男	5年以上	12年生	副校長	
委員	75	男	5年以上	寺院学校	アチャー	寺委員会
委員	61	男	5年以上	10年生	農家	村事務所

出典：著者作成。

表46　D校の学校支援委員会委員と属性

役割	年齢	性別	年数	最終学歴	職業	その他
代表	53	男	5年以上	不明	農家	前村長
副代表	44	男	5年以上	9年生	校長	
会計	38	男	5年以上	不明	教員	
委員	41	男	5年以上	大学卒業	教員	
委員	27	男	3年	大学卒業	教員	

出典：著者作成。

いてどのように考えているのか聞いたところ，校長は「地域の中で誰もが知っている人であれば女性でも構わない。ただ，女性で当てはまる人はいない」と述べている。また，同じ質問を地域住民である副校長，アチャー（祭司），農家の3人に聞いたところ，「女性の方が能力が高いこともあるので，良いのではないか。ただ，選ぶのは校長なので，私たちは分からない」と述べている。なお，寺院は，約1km西にある。

4）D校

表46は，D校の学校支援委員会委員と属性である。5名の委員の内，前村長である代表以外は皆，教員である。その理由を，「D校周辺は貧しい地域で，村の人や保護者たちは自分たちの家族を養うだけでも精いっぱいなので，学校を支援することはできないため」と校長は答えている。D校においてメンバーの1人を除いて全員が5年間以上学校支援委員会の委員を務めている。選任は

校長によるものであり，全員が男性である。また，調査で把握できた限りではS校とK校，D校に大学卒業の学歴をもつ委員がおり，D校には２名の大学卒業者がいる。なお，３km 圏内に寺院はない。

５）K校

表47は，K校の学校支援委員会委員と属性である。K校では，学校支援委員会委員が12名おり，調査した８校の中で最も多い数となっている。そのうち，校長を含む教員は４名，地域住民は３名，保護者は５名となっている。保護者については詳細が不明なため，性別の確認ができないが，保護者以外においては女性が２名である。

学校支援委員会の選任は2009年の10月に校長が行い，現在の学校支援委員会が組織された。校長は自らをアドバイザーとし，名誉代表，代表，副代表，会計，地域代表，書記を固定の委員で校長が任命した上で，より多くの保護者の参加を促すために，５名の保護者枠を設け，児童の保護者からランダムで抽選して採用している。なお，寺院が隣にある。

表47　K校の学校支援委員会委員と属性

役割	年齢	性別	年数	最終学歴	職業	その他
名誉代表		男			区長	
アドバイザー	48	女		12年生	校長	
代表		男				
副代表	36	男		大学卒業	副校長	
保護者						
保護者						
保護者						
保護者						
保護者						
会計	40	女		12年生	教員	
地域代表	72	男	５年以上	10年生	アチャー	寺委員会
書記		男			教員	

出典：著者作成。

6）P校

表48は，P校の学校支援委員会の属性を表したものである。P校では，7人の委員の内，校長以外は地域住民で構成されている。委員の選任は，校長が行っており，その基準は「村の人たちにとって身近な人」であることである。主にP校に通っている児童の保護者が選出された。学校支援委員会の保護者代表の役割は，より多くの子どもたちに就学するように保護者に連絡をしたり，学校を退学した子どもの保護者に復学させるように話をすることであると話しており，学校支援委員会が学校と児童の保護者との橋渡しを担っていることが分かる。

P校は，2つの村をまたいで位置している。本来は村長が学校支援委員会になることで，各村への連絡が容易になるが2名の代表を置くことはできないため，寺委員会も務めている占い師の男性が代表を務めている。その他，2名が寺委員会に属している。また，全員男性であることから，女性の参加について考えたことはないのか聞いたところ，「村の女性に委員に加わってもらおうと思っているが，女性は家の仕事などで忙しいため断られてしまうのではないかと思い，なかなか声をかけられないでいる。また，女性教員に依頼をすることも検討している。これまで女性が委員にいないことで困ったことはない」と校長は答えている。なお，約400m 南に寺院がある。

表48　P校の学校支援委員会委員と属性

役割	年齢	性別	年数	最終学歴	職業	その他
代表	74	男	5年以上	不明	占い師	寺委員会
副代表	59	男	5年以上	9年生	校長	
保護者代表	63	男	5年以上	不明	家事	
委員	57	男	8年以上	不明	自営業	寺委員会
委員	65	男	8年以上	不明	農家	
委員	56	男	5年以上	不明	副村長	
委員	56	男	5年以上	6年生	自営業	寺委員会

出典：著者作成。

表49　R校の学校支援委員会委員と属性

役割	年齢	性別	年数	最終学歴	職業	その他
名誉代表	30	男	3年	9年生	僧侶	保護者会・寺委員会・村落開発委員会
代表	62	男	9年	9年生	農業	保護者会・寺委員会・村落開発委員会
副代表	54	男	2年	寺院学校	村民	保護者会
副代表	58	男	9年	12年生	校長	保護者会
書記	54	女	4年	10年生	副校長	保護者会
委員	69	男	9年	寺院学校	副村長	
委員	75	男	2年	寺院学校	アチャー	寺委員会
委員	54	女	9年	10年生	教員	
委員	29	女	5年	12年生	教員	

出典：著者作成。

7）R校

表49は，R校の学校支援委員会委員と属性である。9名の委員のうち，校長を含めた教員は4名で，残りの5名が保護者および地域住民である。女性は，9名中3名である。

R校は保護者会が学校支援委員会をサポートする組織として設立されている。学校支援委員会の選任は，他校と異なり，8名の保護者会による選挙で行われ，保護者会の中から5名，保護者会以外から4名が選ばれている。なお，保護者会の選挙は，子どもたちの保護者によって行われている。教員である校長・副校長は保護者会から選出されている。選挙で選ばれた代表であるという意識を持つために，委員の評価を行い，会議の参加や議論を含めた活動に積極的でないと判断された場合には，委員から退任させられる場合もある。なお，道路を挟んで向かいに寺院がある。

8）S校

表50は，S校の学校支援委員会委員と属性である。10名の学校支援委員会で構成されている。S校の学校支援委員会の選任は，校長の依頼によるものであ

表50　S校の学校支援委員会委員と属性

役割	年齢	性別	年数	最終学歴	職業	その他
名誉代表	47	男	5年以上	9年生	僧侶	寺委員会
代表	48	男	2年	9年生	校長	
副代表	28	男	2年	大学卒業	教員	村開発委員会
書記	40	男	2年	12年生	教員	
委員	29	男	3年	12年生	教員	
委員	57	男	5年以上	6年生	村長	村開発委員会
委員	27	男	2年	大学卒業	教員	
委員	73	男	5年以上	寺院学校	農家	
委員	56	女	5年以上	5年生	農家	
委員	49	男	5年以上	9年生	教員	

出典：著者作成。

る。1名が女性で残りはすべて男性である。校長には高校生3人と小学生1人の子どもが，書記の教員は小学生1人の子どもと，49歳の委員の男性教員には小学生1人，中学生1人，高校生1人の子どもがおり，これら3名は保護者の代表であるとも言える。10名中5名は学校支援委員会の委員を5年以上続けており，それ以外は2－3年と短い。名誉代表を務める僧侶は学校から約100m西に位置する寺院に暮らしているが，会議に参加することはなく，ほとんどの委員が知らないと答えている。校長は，学校から30km 離れたところに暮らしており，寺院も含めて地域の人たちについてほとんど知らないと答えている。また，女性においては，家事や子育てで多忙であるため参加してもらえないと校長は答えている。

調査で把握できた限りではS校とK校，D校に大学卒業者がおり，S校には副代表と教員の2名の大学卒業者がいる。なお，100m 西に寺院がある。

②構成員から見る学校支援委員会の学校参加

表51は，8校の学校支援委員会の教員の比率，地域住民の比率，女性の比率，大卒の学校支援委員会の人数，平均年齢の一覧である。

表51　8校の学校支援委員会の内訳の比較一覧

グループ／関与の度合い	学校	合計人数	内訳						大卒（名）	平均年齢	寺院との距離
			教員		地域住民		女性の割合				
		人	人	（%）	人	（%）	人	（%）			
高関与	A校	8	6	(75)	2	(25)	3	(37)		–*	2 km
	B校	5	1	(20)	4	(80)	1	(20)		52.0	（モスク50m）
	R校	9	4	(44)	5	(56)	3	(33)		53.8	10m
中関与	P校	7	1	(14)	6	(86)	0	(0)		61.4	400m
	C校	5	2	(40)	3	(60)	0	(0)		63.0	1 km
	K校	12	4	(33)	8	(67)	–*		1	–*	10m
低関与	S校	10	6	(60)	4	(40)	1	(10)	2	45.4	100m
	D校	5	4	(80)	1	(20)	0	(0)	2	40.6	n.a

注：*印は，全員のデータがないため，該当データなし。
出典：著者作成。

まず，教員，地域住民と女性の委員の割合から構成員を見ると，高関与グループでは，A校が教員の比率が75%であるが，B校，R校においては，地域住民の比率が高くそれぞれ80%，56%となっている。また，高関与グループにおいては，女性の割合がA校37%，B校20%，R校33%となっている。また，中関与グループでは，3校ともに教員よりも地域住民の割合が高く，P校86%，C校60%，K校67%となっている。なお，K校については，保護者のランダム抽選では性別が不明なため，ここではカウントしていないが，P校，C校については女性の割合が0%となっている。さらに，低関与グループでは，S校，D校ともに地域住民よりも教員の割合が高く，S校60%，D校80%となっている。なお，女性の割合については，S校が10%，D校0%である。

これらから，高関与グループではA校を除いて，地域住民の参加が半数以上で，女性の割合が高いことが，中関与グループでは地域住民が半数以上の割合であることが，低関与グループでは教員が半数以上の割合であることが特徴づけられる。

高関与グループと中関与グループの比較からは，女性の参加がその違いのひとつの要因であることが示唆される。また，A校を除いた高関与および中関与グループと低関与グループの比較からは，学校支援委員会の委員の半数以上に保護者および地域住民の参加の重要性が示唆される。Kambayashi（2008）は，村人や保護者が委員となっている学校支援委員会では，オーナーシップが高まり，学校支援委員会の活動が積極的であると指摘しており，本研究の調査でも同様の結果が得られた。

しかし，これらの構成員の分析は，保護者および地域住民の参加が多いから，関与が高いのか，それとも，関与が高いから保護者および地域住民の参加が得られているのか不明瞭であり，保護者および地域住民の参加と関与の高さの関連性を説明したことにはならない。そこで，次に，地域住民の連携と寄付金集めを通して，学校支援委員会がどのように関わっているのかについて分析する。

（2） 寄付金集め

①各学校の寄付金集め

学校支援委員会の役割の一つに寄付金集めがある。教育ユース・スポーツ省から出されているガイドラインには，8項目のうちの4番目に「運営資金の収集」とある。しかし，インタビューの中で学校支援委員会の役割について聞くと，必ず最初に「寄付金集め」が挙げられる。そこで，実際に学校支援委員会がどのように寄付金集めを行っているのか，寄付金集めを通じて地域住民とどのように連携を図っているのかについて分析する。

寄付金集めの方法は，大きく2つに分けられる。お祭り行事としてのチャリティ・イベントと，個々人に直接依頼して募る寄付である。お祭り行事としてのチャリティ・イベントは，寺院が中心になって開催される。寺院の役割は，大きく分けて，①教育の中心としての役割，②モラルと価値観の中心という役割，③年中行事の開催の役割，がある。このうち②のモラルと価値観の中心という役割とは，在家の人たちに功徳を積む機会を与えることで，つまり，来世でよりよい境遇に導かれるために，寺を再建したり，戒律や教えを守ったり，行事や祭りに参加したり，食べ物やお金などを寄進して功徳を積むことである。学校建設や村の集会場建設，地域の道路補修作業などもこれに含まれている。

学校建設や学校修繕，その他の学校関係での寄付金集めは，②と③で行われる「ボン・カタン」「ボン・プカー」と呼ばれる儀式で行われる。「ボン・カタン」は雨期の間に外出を避けて修行に専念する雨安居（うあんご）が開けた時期に，僧侶に新しい僧衣や日用品などの贈り物をする祭りで，10月から11月の間に開催され，行事の中でも徳が高いとされている。他の行事と比べて最も多額の金品の寄進がなされるので，小学校建設の費用などは伝統的にこの祭りで賄うことが多い（清水 1997）。「ボン・プカー」は寺院が主催者になって周辺の村人から寄付を募る祭りで，他の行事と異なり臨時の寄付獲得のために１年のうち，いつでも開催できる（Ibid.）。「ボン・プカー」の開催を寺委員会が決めると，次に村人を含む関係各者に連絡をする。当日は，たくさんのお札が付いた手作りの木の花が寺院に掲げられ，そこに寺院に来た人たちがお金を寄進する。木の花を掲げているため「花祭り」や，寄進のための祭りなので「寄進祭り」とも呼ばれている（Ibid.）。ここでは，「寄進祭り」と表記する。「寄進祭り」は，人を集めることが大切な行事であり，寺委員会の方針や開催内容によっては，地域を練り歩いて行進して寄付を集めるところもある。

Ｃ校，Ｐ校はこの「寄進祭り」を実施しており，一方，Ａ校，Ｂ校，Ｄ校，Ｓ校，Ｋ校，Ｒ校は，個々に依頼する寄付など別の形で実施している。

Ｃ校では，「寄進祭り」を年に数回開催している。地域住民である学校支援委員会委員には，寺委員会の委員や寺院の祭司がおり，「寄進祭り」を開催することは，寺委員会の委員がいない場合に比べるとスムーズに行うことができると考えられる。しかし，「寄進祭り」で集まった金額などについては，地域住民である学校支援委員会委員は把握しておらず，全て校長が把握していると，地域住民である学校支援委員会委員は答えている。このことは，学校支援委員会を通じて行っているチャリティ・イベントであっても，意思決定や主導権は校長にあることを示唆している。

Ｐ校では地域住民の学校支援委員会が６名おりそのうち３名が寺委員会の委員である。かつては，児童の保護者に寄付の依頼を行っていたが，今日では「寄進祭り」のみに切り替えた。その方が，効果的でより適していると学校支援委員会委員が考えたからである。しかし，昔（90年代）は，１回の「寄進祭り」で100万リエル（250ドル）ほどが集まったこともあるが，今はそんなに集まらないとＰ校校長は答えている。

一方で，Ａ校では，寺委員会の委員がいるが，「寄進祭り」は行っていない。Ａ校の校舎は教員養成学校の建物を借りており，多くの学校で必要となる校庭や校門，塀などの整備やメンテナンスはＡ校においては不要である。それでも，使用している教室の整備や維持は必要である。その際には，校長が何のためにお金が必要かを詳しく書面に書き，それを学校支援委員会が各家庭に配り，直接保護者から寄付を募っていると校長は答えている。また，学校支援委員会委員である村長も，直接児童たちの家を訪問し寄付のお願いをすると答えている。Ａ校では学校支援委員会を通じて寄付金が集まると，すぐにプロジェクトを実施する。そうすることで，保護者が寄付したお金がどのように利用されているのかがすぐに分かり，理解が得られやすいと校長は述べている。また，校舎の壁に寄付金の提供のあった人々の一覧を明記し，感謝の意を伝えている。そうすることによってたとえ寄付金の目標額が高くても，保護者は進んで寄付をしてくれると校長は述べている。

Ａ校と同じ郡内にあるＫ校でも寺委員会の委員がいるが，「寄進祭り」は行っていない。お金が必要な場合には，学校支援委員会として校長自らが，地域の人たちに寄付の依頼に行く。また，寄付金集めのために，児童の保護者宛に寄付の依頼の便りと封書を児童たちに配布し，保護者から寄付を集めている。だいたい児童１人あたり500リエル（0.12ドル）から1000リエル（0.25ドル）の寄付があり，合計で100万リエル（250ドル）から200万リエル（500ドル）集まる。これを１年に１回，最初のセメスターの終わりに行っている。

Ｋ校と同様のことは，Ｓ校でも見られる。Ｓ校の校長は，学校で行う寄付金集めについて以下の様に答えている。

Ｓ校校長：「寄進祭り」は実施したことがありません。「寄進祭り」を開催するには，寺委員会の人たちに協力をしてもらう必要がありますが，私は寺委員会の人たちを知らないので,「寄進祭り」をしたことがないのです。しかし,やはりPBの予算は十分ではないので,子どもたちに寄付についての説明をして,お金を持ってきてもらっています。

S校の学校支援委員会委員には,村長も寺委員会委員を務める僧侶もいるが,発言の中では寺委員会の人たちを知らないと述べている。つまりこのことは,学校支援委員会の委員でも,委員間の関係の希薄さを象徴していると言える。また,直接教員から子どもたちを通じて寄付の依頼を行う方法は,B校でも行われている。B校もA校やK校と同様,「寄進祭り」は実施していない。その理由として,異なる宗教が混在していることを挙げている。

前述の通り,カンボジアでは地域住民に寄付を募るために仏教行事である「ボン・カタン」または「寄進祭り(ボン・プカー)」を開催することが一般的であり,多くの学校が寺委員会を通して実施している。しかし,B校においては,ムスリムへの配慮から,仏教行事である「寄進祭り」は行っておらず,地域住民からの協力を得ることは難しい。そもそも,寄付金集めの許可を出す区長が学校支援委員会委員であるが,ムスリムであるため,仏教行事である「寄進祭り」は実現しない。そのため,寄付金が必要な場合には,教師が各クラスの児童に寄付金について書面での連絡を封筒に入れてわたしている。その寄付金を集めるタイミングや内容について学校支援委員会は重要な役割を担っていることが以下の発言からわかる。

B校校長:校舎修繕などでお金が必要となった場合,まず,教員間で話し合いを持ちます。その上で,学校支援委員会でその計画が現実可能か否かについて議論をします。教員だけの場合,うまくいかない場合があるからです。なぜなら,学校支援委員会はどの季節,どの時期ならば保護者が寄付をしてくれやすいのかなど,よく理解しているからです。2008年(校長が赴任前であり,学校支援委員会が1人のみの時期)に校庭に土を盛る計画を立てて寄付金を募りましたが,お金が集まらず計画は失敗に終わりました。

A校は学校支援委員会を通じて,K校は学校支援委員会を介さずに,B校は学校支援委員会の助言を得て，保護者に対して個別に依頼を行っているケースである。

A校，K校，B校は，保護者に対してのみの寄付金集めを実施しているが，R校は，保護者に対してと，地域住民に対して別の方法で寄付金集めを行っている。

R校では寄付金集めをスムーズに行うために学校支援委員会と同時に保護者会を設置しており，1か月に1回保護者会を開催すると同時に，児童の保護者に対しての諸連絡を行っている。例えば，保護者に対して子どもに勉強をさせるようにとか，宿題をするように促す内容のアナウンスを行ったり，また，1か月に1度成績表を持ち帰らせ，保護者が子どもの成績を確認できるように，保護者との関わりを積極的に持つことに努めている。その保護者会の場で寄付金集めを行っている。そうすることで，保護者の子どもたちへの教育の意識の向上と学校に対するオーナーシップが生まれると校長は考えている。また，R校では3名の寺委員会の委員がおり，寺に僧侶が管理する募金箱を設置して寄付金集めを行っている。年間10万リエル（25ドル）から15万リエル（37.5ドル）程度集まる。これらのお金で，地域の貧しい子どもやハンディキャップを持つ子どもたちが学校に通えるように，文房具や自転車を寄贈している。

多くの学校が校舎の修繕などに集まった寄付金を使うのに対して，R校では子どもたちに就学を促すための補助として寄付金の一部を使っているが，これは学校支援委員会の中から出たアイディアを導入したものである。

D校では保護者に対しての寄付金集めは行わず，寺委員会の委員もいないことから「寄進祭り」も行っていない。D校では「寄進祭り」の代わりとして，必要に応じて寄付の依頼を村の権威者を通じて行っている。学校支援委員会代表である前村長から村の集まりがある時に学校の状況を話してもらい，寄付の依頼を村長から村の人々に伝えてもらっているという。毎回少額ながら寄付を募り，学校運営の足しにしていると校長は述べている。

②寄付金集めからみる住民参加

表52は，各学校の寄付金集めの方法について，まとめたものである。高関与グループのA校，B校，R校，中関与グループのP校，C校においては，学校支援委員会を通して寄付金集めを行っていることが分かる。D校も学校支援委員会の前村長が地域の会議の場において寄付の依頼のアナウンスを行うものであるが，学校が決めた時期に，広く多くの人たちにアナウンスをする積極的な寄付金集めとは大きく異なる。また，K校，S校とD校においては，学校支援委員会を介した寄付金集めを行っていないことが分かる。

つまり，学校支援委員会が学校への関与があるまたは高い場合には，学校支援委員会を通じて寄付金集めが行われており，そうでない場合には学校支援委員会を通すことなく寄付金集めが行われている。言い換えれば，後者の場合には，「伝統的な学校参加」である寄付金集めにおいても学校支援委員会との連携が機能していないと言える。各学校は，いずれも寄付金集めを行っており，その方法や仲介者が異なることが明らかとなった。

表52　8校の寄付金集めの詳細比較

グループ	学校	寺委員会（名）	寺の祭事	保護者への依頼		地域住民
			学校支援委員会	学校支援委員会	学校支援委員会以外	学校支援委員会
高関与	A校	1		学校支援委員会が連絡を配布		
	B校	0		学校支援委員会と時期や内容の相談		
	R校	3		学校支援委員会が保護者会開催		寺院での募金箱設置
中関与	P校	3	寺委員会を通して			
	C校	1	祭司を通して			
	K校	1			学校から連絡を配布	
低関与	S校	1			学校から連絡を配布	
	D校	0				村人に依頼

出典：著者作成。

（3） 地域住民との連携

①各学校の地域コミュニティとの連携

学校に対する地域コミュニティの連携や協力を見ることで，地域コミュニティが学校にどのように関わっているのか，学校支援委員会が学校と地域コミュニティの間でどのような役割を担っているのかを明らかにすることができる。そこで，地域コミュニティ，つまりは地域住民が学校に対してどのような協力をしているのか，地域住民に対する期待について尋ねた。

A校校長は，以下の様に述べている。

A校校長：児童の入学登録が終わると学校支援委員会は学校の年次計画を立てる必要があります。そのためにまず，学校支援委員会で会議を行います。学校支援委員会の名誉代表は，村長でもあり，地域の状況や児童の保護者達の状況を知っていますので，それらを学校計画に盛り込み，年次計画を作成します。そうすることで退学者を減らすことができます。

学校の年次計画を学校支援委員会が作成することで，地域住民の生活状況に沿った年次計画を立てることができ，児童の退学や留年を減らすことができる。A校では，地域の状況に沿った年次計画の立案において，学校支援委員会委員が学校と保護者との橋渡しとなっていることが示唆される。

また，R校校長は，村の人たちは，とても協力的であると答えている。

R校校長：2002年に日本人女性からの支援によって学校建設がすすめられました。その際，材料は支援金で購入し，村の人達の力で建築をしました。また，洪水により学校が浸水した時には，村の人たちが水の掃き出しなどを手伝ってくれました。また以前は，子どもたちが飲む安全な飲料水がなく，自分のお金を出していたところ，それを知った村の人たちが協力してくれるようになりました。同様に，校庭にごみが散乱して景観が悪かったので，ごみ箱を設置することを村人に話をしたら，寄付を募ってくれました。

R校では，1年に1度，教員，区長，教育関係者が同席し，学年度開始前にセレモニーを開いている。主な目的は，村の子どもたちの就学を促進するよう呼びかけることであるが，村の人たちと学校関係者が話をする機会を積極的に作っている。また，前述の通り，R校では学校支援委員会をサポートするための保護者会を設置しており，子どもたちの保護者に対して会議兼アナウンスを1か月に1回行うなど，積極的に地域コミュニティに学校の重要性をうったえ，協力を呼び掛けている。また，寺院に設置した募金箱のお金が集まると，地域の貧しい子どもやハンディキャップを持つ子どもたちの教育支援に使っている。

B校校長は，コミュニティの能力向上を強化することで，保護者からの寄付や関わりを強め，コミュニティの協力によって校舎の維持などの学校環境の整備が可能になると考えている。しかしながら，B校では，地域住民の協力が十分に得られない。特に，雨季の時期には，学校が浸水するが，地域住民からは一切協力がない。他校のNGOによるサポートの事例を引き合いに出し，地域住民の協力を得るよりもNGOの協力を得る方が良いのではないかと考えている。しかし，B校では，学校支援委員会委員の1人が，学校の水の整備などを積極的に行っており，さまざまな経験を持つ学校支援委員会委員が頼りになると答えている。

C校校長は，学校支援委員会の役割の一つに「子どもたちに就学を促すこと」があるとしている。そこで，子どもたちに学校に来るようにするためにどの様にしているかという質問をしたところ，以下の様に答えている。

C校校長：区長などの地域の権威者に子どもに学校に来るように保護者に伝えてもらうように依頼をします。それが，各村長に伝えられ，村長から村の中の女性や子どもに伝えられます。また，それ以外に寺院での催事の際に僧侶からスピーカーで呼びかけてもらいます。

C校は，R校と対象的であり，C校の地域コミュニティや保護者に対しての呼びかけにおいては，学校支援委員会が全く介入していない。また，C校では，寄付金集めは開催しているものの，コミュニティからの寄付が十分に集まらないことに困っていると，地域住民である学校支援委員会委員は述べている。コミュニティとの連携について聞いたところ，以下の様にC校校長は答えている。

C校校長：「寄進祭り」を開催しています。それ以外は，特に地域住民からの協力はありません。村の人たちは貧しく，忙しいので，私たちに対しての協力は難しいのだと思います。

同様に，D校校長は，地域住民の協力について以下のように答えている。

D校校長：村の人たちは貧しいので，村の人たちからの寄付は期待できない。また，学校支援委員会も，村人たちの協力がなくては何もできない。寄付も労働の提供もない中で，私たちは何もすることがない。以前，学校の前の道の工事が行われ，校門が壊されたが，事前に連絡がないうえに，地域の誰も私たちに連絡すらしてくれなかった。私たちは村の人たちに何かをお願いしたとしても，それに対する対応はないのです。

K校校長は，地域住民の協力について以下のように答えている。

K校校長：地域の人たちからは特に何もしてもらっていません。農村部と異なり都市部の人たちは皆忙しいので，学校に協力してもらうことは期待できません。地域の人たちよりも，お金を持っている人や国内外のNGOとつながって，支援を得るほうが，学校の発展のためになります。

また，P校についても，村の人たちは，チャリティ・イベントとしての寄付金集めでは寄進をしてくれるが，それ以外は関わりは全くない，と述べており，B校，C校，D校，K校，P校が地域コミュニティに対して，地域住民の貧困や多忙を理由に，学校に対する協力を期待することができないと考えていることがうかがえる。

これらの学校と同様にS校は，地域住民からの協力がないとしながらも，S校校長は，30km離れた地域に住んでおり，地域の人たちのことをよく知らないことを引き合いに出し，地域との連携はほとんどないと話している。学校支援委員会の代表ともほとんど会ったことがないと言い，また，寺委員会の人たちも知らないため，寄付金集めも行ったことがない。つまり，地域との橋渡しとなる学校支援委員会が機能しておらず，学校の運営を担っている校長と地域住民との関係も希薄であることが分かった。

②８校の地域コミュニティの連携

これらのことから，Ａ校とＲ校が，地域コミュニティとの連携を図ろうとしている一方で，他の学校においては，地域コミュニティとの連携に消極的な様子が分かった。また，Ａ校，Ｒ校は地域住民からの協力や地域住民に対しての学校としてのアカウンタビリティを果たしている一方で，その他の学校は，地域住民からの協力が得られないことを貧困や多忙という地域住民側の理由を挙げ，自分たちからの支援の呼びかけを行ったりアカウンタビリティを果たしていないことを説明していない。

表53は，地域コミュニティからの協力と地域コミュニティへの協力，そして，地域コミュニティに対する期待についてのインタビューの発言をまとめたものである。高関与グループでは，Ｒ校を除いて，地域住民からの協力は得られてはない。中関与グループでは，Ｋ校を除いて，地域住民からの協力として寄付金集めの協力がある。低関与グループにおいては，地域住民からの協力も，地域住民への協力もなく，全く関わりがないことが認められた。

表53　８校の地域コミュニティとの連携についての比較

グループ	学校	地域コミュニティからの協力	地域コミュニティへの協力	地域コミュニティへの期待
高関与	Ａ校		学校年次計画に地域の状況を盛り込む	
	Ｂ校			期待できない，NGOに期待
	Ｒ校	浸水時の水の掃き出し，校舎建設，水の提供，ごみ箱の設置	保護者会や地域住民へのセレモニー開催，就学支援	協力的である
中関与	Ｐ校	寄付金集めに協力		お金があまり集まらない
	Ｃ校	寄付金集めに協力，子どもたちへの就学呼びかけ		貧しくて忙しいので期待できない
	Ｋ校			期待できない，NGOに期待
低関与	Ｓ校	（地域コミュニティを知らない）		知らない。期待もない
	Ｄ校			貧しいので期待できない

出典：著者作成。

（4） 学校支援委員会は学校といかに関わっているのか

第2節では，学校支援委員会の構成，地域住民との連携，寄付金集めから，学校支援委員会が学校と地域にどの様に関わっているのかについて分析した。表54は，8校の構成員・地域住民との連携・寄付金集めの詳細比較である。

学校の意思決定を含む運営において関与が高い学校支援委員会である高関与グループのA校，B校，R校の特徴として，地域住民の連携や学校支援委員会を通じた寄付金集めなどで学校支援委員会が関わっていることが分かる。特に，R校では，地域からの協力と共に地域に対しての協力，そして，地域住民から学校支援委員会を通じた寄付金集めが行われている。

次に，中関与グループのP校，C校では「寄進祭り」の開催を行っており，「寄進祭り」に対する地域からの協力が得られているのが分かるが，K校では，地域住民との連携も学校支援委員会を通じた寄付金集めも行われていないことが分かる。

一方，低関与グループのS校，D校の特徴としては，地域住民の連携や学校支援委員会を通じた寄付金集めなどでの学校支援委員会の関わりがほとんどないことが分かる。このことは，第1節で述べた意思決定を含む権限の行使にお

表54　8校の構成員・地域住民との連携・寄付金集めの詳細比較

グループ	学校	構成員（%）			寺院との距離	地域住民との連携		学校支援委員会を通じた寄付金集め		
		教員	地域住民	女性		地域からの協力	地域に対しての協力	寄進祭り	保護者への依頼	地域コミュニティ
高関与	A校	75	25	37	2 km		○		○	
	B校	20	80	20	（モスク50m）				○	
	R校	44	56	33	10m	○	○		○	○
中関与	P校	14	86	0	400m	○		○		
	C校	40	60	0	1 km	○		○		
	K校	33	67	—	10m					
低関与	S校	60	40	10	100m					
	D校	80	20	0	n.a					○

出典：著者作成。

いて，ほとんど関与が見られなかったことと同様，学校支援委員会が学校に関わっている実態がないことを示している。また，学校支援委員会の構成員の多くが教員で占められていることから，形式上は学校支援委員会として存在するが，実際には教員のみで学校支援委員会の役割を全て担っている，もしくは学校支援委員会の実態がない状態であることがうかがえる。

ここで，学校支援委員会に寺委員会の委員がいるA校，R校，P校及びC校の寄付金集めを対比することで，カンボジアの学校支援委員会の学校への関わり方がより明確になる。

P校およびC校は，それぞれの郡の中でも比較的豊かな地域に位置している。昔に比べると金額は少ないものの，伝統的な「寄進祭り」のみで寄付金集めを行っている。委員に女性はおらず，男性だけの委員も比較的長く委員を務めている。これらのことから，P校およびC校は，古くから行われているカンボジアの伝統的なコミュニティの学校参加の形態を現在も継続していると考えられる。

一方で，A校は「寄進祭り」は実施しておらず，保護者にアプローチをする方法をとっている。A校は州都に位置する都市部の学校である。プノンペンにも近いことから比較的経済的に裕福な家庭の子どもが就学していると考えられる。A校と隣接するK校でも「寄進祭り」を実施しておらず，都市部の学校における寄付金集めの方法は，より受益者である児童の保護者の負担にフォーカスしていると考えられる[30]。また，R校は保護者にアプローチする方法と，寺を通じて募金箱を設置する方法をとっている。R校の立地はC校に近い農村部であるが，保護者会の併設など他校と異なる方法での学校運営を行っていることから，伝統的な地域住民の学校参加とは異なる方法を校長をはじめとする学校コミュニティにおいて試行錯誤しているものと考えられる。

カンボジアでは，伝統的に寺院を中心とする地域住民と学校は密接な関係がある。しかしながら，地域住民の学校参加は資金提供や労務提供が中心で，そ

---

(30) 都市部の学校は寺院との関わりが薄く，「寄進祭り」が行われることは多くないが，保護者や個人的支援者，NGOなどの協力によって農村部よりも多くの寄付金が集まる（清水 2003a）。

れ以上の学校参加が見られないと言われている（Pellini 2008, Kambayashi 2008, Shoraku 2007, 正楽 2008a, 正楽 2008b, Shoraku 2009, 利根川・正楽 2016）。本調査でも，８校のうち，学校支援委員会以外の地域住民の学校への関与は，飲料水やごみ箱の寄付，学校建設，校庭の盛り土などの協力のあったＲ校と，寄付金集めで協力が得られると述べているＰ校とＣ校だけで，その他の学校については地域住民からの関わりは皆無である。また，学校と寺院との距離との関連性ついては，寺院が100mのＳ校，10mのＫ校から，距離が近いからと言って地域住民との連携が可能になっているわけではないことが明らかとなった。

地域住民が学校支援委員会として関わることで，地域コミュニティとの連携が可能になり，住民の学校参加が進むというストーリーは，SBMの構図であるが，それに当てはまるのは，本調査ではＲ校のみである。Ｂ校，Ｐ校，Ｃ校，Ｋ校ともに学校支援委員会の半数以上が地域住民で構成されているにもかかわらず，Ｂ校，Ｋ校は地域コミュニティとの連携はなく，Ｐ校，Ｃ校は「寄進祭り」のみ，となっている。また，Ａ校とＲ校以外の校長は，地域住民からの協力については，忙しいことや貧しいことを理由にして，期待していないと述べている。

つまり，地域住民の学校参加に対しては期待をしていないが，「寄進祭り」による寄付金集めは伝統的に行われており，地域住民から理解や支援が得られやすい。言い換えれば，地域住民の学校参加に対しては，寄付金集めなどの協力を得ることはできるが，それ以上は期待していないと言える。そうであるならば，学校支援委員会の役割は寄付金集めに集約されることになるが，そもそも学校支援委員会は，寄付金集めのためだけに設立されたわけではなく，第２章で述べたように，学校計画の取りまとめ，施行，モニタリング，児童の就学登録，児童の学習のモニタリング，学校の建設，修繕，維持，経験と生活技能の提供，学校内外での変則的な事項への対応，学校の発展に関する能力や意識の向上など，寄付金集め以外にも７項目にもおよぶ役割がある。

そこで，学校支援委員会に関わる利害関係者が，学校支援委員会の役割をどのように理解しているのかを明らかにすることで，寄付金集め以外の学校支援委員会の地域住民の参加について説明することができるのではなかろうか。次節では，教育ユース・スポーツ省，州の教育局，郡の教育局，各学校長，地域住民の学校支援委員会自身が，学校支援委員会の役割についてどのように理解し，どの程度の期待を持っているのかについて明らかにする。

3　学校支援委員会に対する役割と期待

(1)　行　政

カンボジアの教育の分権化においては，教育ユース・スポーツ省から州の教育局へ，そして，郡の教育局，区の教育担当者，各学校へと権限を委譲している。主な政策立案は，教育ユース・スポーツ省が行っており，各学校のモニタリングは各郡の教育局が担っている。

1）教育ユース・スポーツ省初等教育担当者

教育行政のトップであり，政策立案にあたる，教育ユース・スポーツ省初等教育担当者は以下の様に答えている（下線は著者による）。

> 学校支援委員会の役割は学校を支援することです。学校支援委員会は，学校計画を立てたり，PB の申請をするにあたって不可欠な存在ですが，逆に言えば，学校によってはそれだけの存在とも言えます。一方で，学校に配分される PB も十分ではないため，地域での寄付金集めを学校支援委員会が中心となって行うことも少なくありません。学校支援委員会は教員，校長，区長，地元の有力者などで構成されていますが，地域の有力者が委員で，特にビジネスで成功した人や地域でも誰もが知っている有名な人だと，お金がたくさん入るので，学校支援委員会の活動は活発になります。誰が校長になり，有力者を知っていて，学校支援委員会の委員に抜擢できるかによって学校支援委員会の活動が異なってきます。（中略）
>
> もちろん，それ以外にも，学校支援委員会が学校でのお金の管理や教員の様子をモニタリングすることにより，学校での不正や教員の怠慢などが改善されることもあり

ます。学校の管理や維持も学校支援委員会の仕事です。教員は，学校がある地域以外から来ているので，常に学校の見守りをすることはできませんが，学校支援委員会は地域に住んでいますので，それができます。

彼らの役割は学校を支援することで，それ以上でもそれ以下でもありません。制度として実際に活動をしているので，学校を支えてもらいたいと思いますが，実体のない名前だけの学校支援委員会も少なくありません。地域住民は貧しいですし，そもそも無償で依頼しているものなので，それは仕方がありません。

学校支援委員会の役割として，学校計画とPBの承認，寄付金集め以外にもさまざまあるが，教育ユース・スポーツ省初等教育担当者の発言からは学校支援委員会の寄付金集めを担う役割が大きいことを強調していることがうかがえる。

2）カンダール州の教育局長

州内全域の権限を持つカンダール州の教育局長は，学校支援委員会について以下の様に答えている（下線は著者による）。

各学校がPBを申請するにあたり，学校支援委員会の承認が必ず必要となる。そのために，学校全体の会議で学校に何が必要か，学校をどのように発展させていくのか教員だけでなく地域住民代表として話し合うことが重要です。この際に，学校支援委員会が色々な意見を集約することになっています。また，PBだけでは学校予算が足りない場合には寄付金集めを各学校が行います。その際に，学校支援委員会が中心になってセレモニーを開催します。これらのことから，学校支援委員会の存在は学校の発展において欠かすことができません。（中略）

ただ，確かに活発に活動している学校支援委員会がある一方で，あまり活発でない学校支援委員会もあります。年に1度プノンペンで，学校支援委員会が集まる大会があり，その際に他の学校支援委員会の参考になるように，活発な学校支援委員会に1年間の活動を発表してもらっています。また，活発でない学校支援委員会に対しては，州の教育局や郡の教育局から積極的に働きかけ，委員を入れ替える様に指示したり，学校支援委員会のモニタリングを行っています。

良い学校は，学校支援委員会も地域の人たちも協力的でとても良い地域です。逆に言えば，学校支援委員会が良ければ，学校も良くなると思います。そのためには，学校支援委員会の委員の人選がとても大切です。誰でもよいのではなくて，誰が学校支援委員会の代表になるかがとても大切です。地域の権威者が学校支援委員会の代表になることがありますが，彼らは権力を持っていて，それによってお金集めが可能となります。

カンダール州の教育局長の発言からは，学校支援委員会に対して，寄付金集めを含めた学校の発展のための担い手としての役割を期待していることがうかがえる。

3）タクマオ郡教育局初等教育担当者

A校，K校のあるタクマオ郡教育局初等教育担当者は以下のように答えている（下線は著者による）。

基本的に，学校支援委員会は学校の運営についてのサポート，いわば助言を行う機関です。したがって，学校支援委員会が直接，子どもたちの家に行ったり，保護者に対して何かを行うということはしていません。決められた会議に参加し，学校と学校の発展のための協議を行うことが彼らの仕事です。学校支援委員会は単独では何もできませんし，何もしません。校長の下に位置する組織であり，学校と連携して行います。そして，それらはさほど重大な任務でもなく，そして，逆に軽い任務でもありません。給料も発生していません。

学校支援委員会は保護者の代表ですが，保護者は会議には参加しません。というのも保護者は自分たちの仕事で精いっぱいです。

学校支援委員会の多くは，決められた会議に参加して，活発な意見を交わすことが求められますが，逆を言えば，それ以上は求められていません。また，意見を出しても，学校支援委員会が決定するのではなく，決定するのは学校です。いわば校長が全意思決定の権限を持っているといっても過言ではありません。

タクマオ郡教育局初等教育担当者の発言からは，寄付金集めについての発言は聞かれなかったが，学校の助言機関としての役割を期待していることがうかがえる。しかし，学校支援委員会はあくまでも学校の下に位置する組織で，学校支援委員会の業務がさほど多くなく，その分大きな権限を有していないことを強調している。

4）キエンスバイ郡教育局初等教育担当者

C校，R校，S校のあるキエンスバイ郡教育局初等教育担当者は以下のように答えている（下線は著者による）。

各学校の学校支援委員会には学校によって抱えている問題が異なります。例えば，S校やR校は雨期になると浸水してしまいます。学校支援委員会が活動的かそうでないかは，学校の様子を見るとわかります。例えば，S校やR校の様に浸水してしまったり，校庭に穴が開いてしまった場合，学校支援委員会が活発な学校は，会議を開いてその問題にすぐに対処しますが，学校支援委員会が活発でない学校は，会議が開かれることはなく，問題はなかなか解決されないまま放置されます。教育局としては，区の教育担当者と共に何とか解決するようにしてくださいと何度も繰り返して言うことしかできません。基本的に学校支援委員会は無償ですので，私たちが強くいうことができません。結局，活発でない学校支援委員会は，ほとんど何もしないままなので，彼らに期待することはできません。

5）サアン郡教育局初等教育担当者

B校，D校，P校のあるサアン郡教育局初等教育担当者は以下のように答えている。

学校によって抱えている問題が異なります。特に，B校ではムスリム人口が多い地域なので，他の学校で行っている仏教行事の「寄進祭り」はできません。また，ムスリムは漁業を家業としており，漁繁期には多くの家族が子どもたちを家業に連れ出すので，子どもたちが学校に来ないという問題があります。また，この地域は湿地帯なので，雨期になると学校は浸水してしまいます。他民族，貧困，という問題を抱えている学校は，ここだけではありませんが，特にサアン郡においては顕著です。

学校支援委員会は，そのためにもとても大切な役割を担いますが，彼らも忙しいので，あまり関わることができません。また，学校支援委員会は基本的に無償であるため，学校で問題が起きたとしても積極的に関わろうとはしません。

また，学校支援委員会では，代表が最も権限を持っていて，委員はさほど権限を持っていません。したがって，学校支援委員会を活発にするためには，学校支援委員会に誰を選ぶのかが大切です。

キエンスバイ郡教育局初等教育担当者とサアン郡教育局初等教育担当者の発言からは，活発でない学校支援委員会の対応に対して苦慮している様子がうかがえるが，同時に，あまり多くを期待していない様子もうかがえる。

学校の年次計画策定やPB予算の計画などは，学校にとっても学校支援委員会にとっても重要な意思決定であると考えられるが，それよりも，学校内の問題解決や寄付金集めに期待を寄せていることが，インタビューより示唆された。また，そのために学校支援委員会の委員の選任が重要であるとしており，学校支援委員会の保護者を含む地域住民の意思決定における学校参加が寄付金集めに置き換えられていることが明らかとなった。

（2）　学校校長

前項（1）と同様に，学校支援委員会の役割や学校支援委員会に対する期待について，各学校校長に質問した。得られた回答は，期待値の高いもの，期待値の低いものと，大きく2つに分けることができる。

期待値の高い回答は，A校校長，R校校長，P校校長から得ることができた（下線は著者による）。

A校校長：彼らは我々の学校の中で最も責任を持つ人たちです。学校の計画会議に参加し，学校に登録する児童の数を決めるなど重要な意思決定を行います。なぜなら彼らは地域住民の代表であり，その地域の子どもたちが学んでいるのがこの学校ですから。彼らは学校においては必要不可欠な存在です。

R校校長：学校支援委員会は学校のことを考えてくれる大切な存在です。また，同時に設立した保護者会でも地域の人たちは積極的に関わってくれます。1か月に1日，子どもたちの保護者に学校に来てもらい，保護者会が保護者達に子どもたちに教育を受けさせることの重要性を話したり，意見交換をしています。また，地域の人たちに対しても1年に1回，学年の開始前に集まってもらい，子どもたちに学校に来てもらえるよう，学校が大切であることを伝えています。地域の人たちに協力してもらうことは，とても大切なことですし，そうやらないと学校だけでは運営できません。したがって，保護者会も学校支援委員会もこの学校にはなくてはならない存在なのです。

P校校長：彼らは，寄付金集めのために積極的に活動をしてくれています。また，子どもたちに学校に来るように伝えるのも重要な役割です。会議にも毎回参加してくれます。代表と副代表だけでは何も決めることができませんから。

A校，R校の校長からは，寄付金集めの役割については，述べられていない。それよりも，意思決定の役割や保護者や地域住民への連絡や意見交換の役割を重要視していることがうかがえる。P校校長からは，A校，R校では述べられなかった寄付金集めの役割と子どもたちに就学を促す役割の重要性を述べている。

また，学校支援委員会の存在は，学校の運営において不可欠であるとも述べており，学校支援委員会に対する期待値が高いことがうかがえる。

一方で，C校，D校，K校，S校においては，期待値の低い回答が得られた。

C校校長：彼らには，子どもたちを学校に就学させることと，寄付金集めや学校の校舎の修繕など教育環境の整備の2つの役割があります。C校では，主に「寄進祭り」の開催をしています。地域住民も含めて，彼らも貧しく，そして忙しいので，たくさんのことを期待することはできません。

S校校長：学校支援委員会も村の人たちも忙しくて貧しいので，学校のことについては興味を持っていない。そのため，教師だけでもなんとか学校のことを守っていかなければならないと思っています。児童数が多くないので，PBも十分ではありません。校庭の草抜きなどの手入れも誰もしてくれないので，自分たちでするしかありません。学校支援委員会の代表ともほとんど会ったことがないですし，彼らとはあまり関わりがありません。したがって，彼らに期待することはできません。

D校校長：学校支援委員会は地域住民の参加がなくては成り立ちません。学校支援委員会は，学校の世話をする役割があります。しかし，地域住民の金銭的サポートや労働の協力がなければ，何もできません。この地域は皆大変貧しいので，私たちの学校を助けてくれる住民はいません。彼らも自分たちの生活を守るためで精一杯です。したがって，彼らには期待することはできません。

K校校長：都市部の学校支援委員会は農村地の学校支援委員会とは大きく異なります。農村部においては，貧しいため寄付はさほど期待できないが，会議への参加など時間的な貢献は期待できます。一方で，K校がある都市部においては，寄付は得られるが，積極的に活動をしてくれません。会議や連絡での呼び出しでも彼らは10人に声をかけても来るのは数名です。たとえ来たとしても，会議においても意見をしないし，全く協力的ではありません。寄付金集めもしてくれないので，自分でお金を寄付してくれる人を探すしかありません。とにかく学校の発展において特に何の役にも立っていないのです。なので，彼らを頼りにすることはできないのです。

上記のC校，D校，S校，K校の校長は，学校支援委員会に対して期待することはできないとい答えている。その理由に，学校支援委員会や地域住民が貧しいことと忙しいことを挙げているが，S校校長の「興味がないだろう」，「関わりがない」といった発言からは学校支援委員会との希薄な関係性が，D校校長は地域住民との希薄な関係性が，K校校長はS校校長と同様に学校支援委員会との希薄な関係性が示唆される。

一方で，B校校長においては，学校支援委員会を含む地域住民が忙しいことから協力を得るのは難しいが，問題解決のために学校支援委員会との協働を目指したいとの前向きな意向がうかがえた。

B校校長：地域の住民は忙しいため，協力を得るのが難しい。それでも，学校を運営していくうえで，ムスリムとクメール人の共生という課題は必ずついて回るし，それが大きな課題を伴っている。そのためにも，彼らには学校をサポートしてもらいたいと思っています。州の教育局からの指導もあるので，彼らとともに何とか課題解決を目指したい。

B校は，課題を抱える地域にあり，州教育局からの新たな校長の赴任，学校支援委員会の委員の入れ替えなどを通じて，課題解決を目指している。調査時にも課題は依然解決しないままではあったが，新たな学校支援委員会と共に改善を目指す校長や学校支援委員会の様子がうかがえた。

（3） 地域住民の学校支援委員会委員

地域住民の学校支援委員会のみでインタビューを行ったA校学校支援委員会委員とC校学校支援委員会委員，K校学校支援委員会委員に学校支援委員会の活動に対してどのように考えているのか聞いた（下線部は著者による）。

> **A校学校支援委員会（名誉代表）**：学校支援委員会は学校の役に立っていると考えている。学校にお金が必要であれば，校長がその旨を書面にして，学校支援委員会を通じて各家庭に配るなどしている。また，会議の中で学校の抱えている問題などについてアドバイスをしたり，PBの承認など，学校支援委員会は学校を支えていると思っています。保護者と地域の代表として学校支援委員会の仕事をしていますが，子どもたちのために学校支援委員会は大切な仕事だと思います。

> **C校学校支援委員会（副代表，委員）**：学校支援委員会は，会議に参加して意見を言うなど，学校の役に立っていると思いますが，さほどすることはありません。もう5年以上も委員として関わっているが，古い先生とは密に連絡を取っていたが，新しい先生たちが来てからは情報共有が十分にできていない。会議にばらばらで参加するため，その時の会議には意見を言ったり，情報は得られるが，それ以外はよくわからない。会議に参加して，校長から何か聞かれたら意見を出すということくらいしか学校支援委員会にはすることがない。

> **K校学校支援委員会（地域住民代表）**：学校支援委員会は学校の役に立っていると思っている。ただ，会議に参加して，校長から出された議題について意見を言うだけです。それ以外には，例えば，保護者を訪問することや寄付金集めもしません。学校支援委員会という立場で地域の人たちと話をすることもありません。それでも，学校は十分に機能しています。したがって，私たちには会議に出席する以外にすることはないのです。そもそも，それ以上に何かをする権利はありませんから。

A校学校支援委員会の発言からは，学校支援委員会が積極的に学校運営に関わっており，学校支援委員会が学校にとって必要であるという認識であることが分かる。一方で，C校とK校の学校支援委員会は，「学校の役に立っている」と言っているものの，その活動が会議に参加して，求められれば発言をするのみであると述べている。つまり，Ｃ校とＫ校にとって学校支援委員会の活動は重要な役割を担っているとは考えていないことが認められた。

（4）　学校支援委員会に対する期待とは何か

教育ユース・スポーツ省，州の教育局の発言からは，寄付金集めの役割に対する期待がうかがえる。一方で，郡の教育局の発言からは，より具体的な学校の問題の解決の役割に対する期待がうかがえる。また，各校長の発言からは，学校支援委員会が学校にとって不可欠な存在とする校長達と，期待できないとする校長達とに二分された。そして，各校長の発言と第１節で分析した各学校の学校支援委員会の関与の度合いを比較すると，学校支援委員会に対して期待値の高いＡ校とＢ校とＲ校は，学校支援委員会の関与が高い，積極的な参加がみられる。一方で，それ以外の学校に関しては校長の期待値も低く，関与の度合いも低い，消極的な参加であることが明らかとなった。[31]

地域住民の学校支援委員会の発言においても，関与の高いＡ校の学校支援委員会の委員は，学校支援委員会の役割は学校にとって重要な役割があると述べており，関与の低いＰ校，Ｋ校においては，その関与の低さを裏付ける発言が得られた。

また，Ｐ校，Ｋ校の学校支援委員会の発言から，学校支援委員会に対する期待度の低さは，学校支援委員会に対する要求の低さ，つまり学校支援委員会に求めるものが少ないことを表している。学校側は，無償なので期待できないとしているが，委員でありながら多くを求められない，言われたことのみに従うといった参加は消極的な参加の特徴である。

---

(31)　Rose（2003）はこれを，「真の参加」と「仮の参加」と区別している。

4　学校間の比較

第1節で明らかになった学校支援委員会の関与の度合いを，第2節では学校支援委員会の構成員や地域コミュニティとの連携，寄付金集めで，第3節では行政や学校校長，地域住民の学校支援委員会の役割の理解と期待で，分析してきた。カンボジアにおいては，地域による貧富の差が大きいこと，学区制を導入していないこと，学校の数が少ないことによる学校間格差など，学校を取り巻く環境が複雑である。そして，これまでの分析には，それらさまざまな要因を考慮に入れていない。

そこで，第4節では，規模や立地に着目して，関与の度合いを分析する。2011年度のカンボジア全土の小学校の平均児童数は312.8名で，都市部の平均児童数は493.1名，農村部は294.6名となっている。調査対象地域のカンダール州の平均児童数は，カンボジア全土よりも多く418.1名である（MoEYS 2012a）。カンダール州の平均を上回る児童数の学校であるA校，K校，P校を大規模校として，カンダール州の平均値前後の児童数の学校であるB校，C校，D校を中規模校として，そして，平均を下回る児童数の学校であるR校とS校を小規模校として，規模での比較を検証した。また，大規模校のA校K校は同地域であり，P校は異なる郡である。同様に中規模校のB校D校は同地域であり，C校は異なる郡である。これらから地域間比較も検証した。

（1）　大規模校

A校，K校およびP校は，児童が700名を超える規模の大きい学校である。調査時の2012年における全児童数は，A校は976名，K校は1018名，P校は785名とP校が少し少ないものの，他の5校と比較すると大きな規模の学校として分類できる。A校とK校は，カンダール州の州都であるタクマオ郡の中心に位置しており，4km ほど離れたところに立地している。P校はサアン郡の中心に位置している。A校とK校は都市部の経済的に豊かな地域，P校は地方ではあるが比較的経済的に豊かな地域である。

A校とK校は立地も近いため，同じ地域に暮らす児童たちは，A校かK校かを選択することができる。しかし，A校は校舎を教員養成学校から借りていることから，教室は9部屋で，二部制の18クラスしか開講することができない。そのため，入学可能な児童人数を制限しなければなない。児童の受け入れ人数を確定し，受け入れ可能な人数を上回った場合にどのように選考をするのかを確定するのは学校支援委員会である。A校は毎年，希望入学者数が受け入れ人数を上回っており，学校支援委員会がこの選考について苦慮しているとA校校長は述べている。2011年度のカンボジア全土の1クラスの平均児童数は36.6名で（MoEYS 2011），A校は54名であることから，かなり多くの児童たちを受け入れていることが分かる。一方で，受け入れできなかった児童は，隣接するK校や別の学校に入学することになる。また，A校は年度開始前に就学年齢の子どもを持つ家庭に学校支援委員会が訪問し，学校の説明を行い就学促進の取り組みを行っている。そのため，入学登録時にはすぐに受け入れ人数の制限を超えてしまう人気校である。地域住民の学校支援委員会は村長と州の教育局職員の2名であるがその他の教員の学校支援委員会も共に，地域住民に積極的に就学促進を訴えたり，直接保護者に話をしたりするなど，積極的に学校に関与していることがうかがえる。また，州の教育局職員が学校支援委員会であることから，学校運営においての助言や指導が的確に行われていることがうかがえる。地域住民からの協力は特にないものの，保護者達から寄付を募るなどを行っており，その際，寄付が集まり次第すぐに工事などのプロジェクトを開始したり，寄付をした人たちの一覧を壁に張り出すなど，寄付が的確に使われていることと，寄付に対する感謝の意を目で見て分かるようにするなどの工夫が見られた。

一方，K校はすでに1000人を超えている学校ではあるが，校庭や校舎もA校と比較すると大きく，20部屋あり，二部制を導入しているため40クラスが開講可能である。現在は，37クラスを開講しており，児童が増えても3クラスまでは開講可能であると校長は述べている。また，A校と比較するとクラス数は多く，1クラスの児童数は27名と，A校の半数であり，それは子どもたちにとっても良いことであると校長は述べている。K校は，A校のように就学前に地域住民に就学を促す告知などは行っていない。また，K校では，保護者から寄付を募っているが，学校支援委員会は関与せず，児童から寄付の依頼の通知を保護者にわたすようにしている。K校校長は，学校支援委員会は全く何もしてくれない，会議に来ても全く協力的ではないと，学校支援委員会の関与の低さをインタビューで述べている。また，寄付が必要な場合には学校支援委員会は頼りにならないため，K校校長が自ら個人的支援者を回り，寄付の依頼をしていると述べている。K校では，オーストラリアのNGOによって金銭的（経済的）支援とともに，教員研修などのための人的支援も行われている。したがって，学校支援委員会は頼りにすることができず，直接学校への関わりのあるオーストラリアのNGOの方が学校の役に立っていると述べている。

P校は700人を超えている学校で，校庭は広く農村地の大規模校である。クラス数は20クラスあり，1クラス39名と，カンボジアの平均値の36.6名に近い状況にある。P校では，学校支援委員会の地域住民が占める割合は86%と高く，校長以外は全員地域住民である。校長は，P校のある地域に住んでいる。学校支援委員会では，主に「寄進祭り」を行っているほか，校庭の塀や老朽化した校舎の修繕などの話し合いを行っている。

表55は，A校，K校，P校の学校の詳細を比較した一覧である。まず，A校とK校は同じ地域で隣接している学校であり，規模も同じであるが，A校とK校の学校支援委員会の関与には大きな差がある。A校は学校支援委員会に対する校長の期待が高く，学校支援委員会の学校への関与も高い。また，A校では子どもの就学促進や地域の状況を学校年次計画に反映させるなど，地域住民に対して，学校からの関与も積極的であることが分かる。つまり，A校では，学校運営が地域住民を意識したものであり，そこに学校支援委員会が積極的に関与していると言える。そして，それらは，A校が教員養成学校内にあり，学校支援委員会の委員のうち1人が州の教育局職員であることからも，教員養成学校や州の教育局との連携や助言を受けやすいということも影響していると考えられる。

表55　Ａ校，Ｋ校，Ｐ校の学校および学校支援委員会の詳細

	Ａ　校	Ｋ　校	Ｐ　校
全校児童（うち，女子）	976（448）名	1018（468）名	785（359）名
クラス数	18	37	20
１クラス人数	54.2	27.5	39.2
教師数	24名	41名	20名
2003―2010年平均退学率（女子）	1.6%（1.9%）	4.3%（7.5%）	5.2%（5.3%）
2003―2010年平均留年率（女子）	4.9%（4.3%）	8.0%（8.0%）	6.8%（4.7%）
関与の度合い	高関与グループ	中関与グループ	中関与グループ
地域住民の学校支援委員会の割合	25%	67%	86%
女性の学校支援委員会の割合	37%	n.a*	０%
学校支援委員会による寄付金集め	学校支援委員会から保護者に連絡	児童を通じて保護者に連絡	寄進祭り
校長の学校支援委員会に対する期待	必要不可欠な存在	学校支援委員会は期待できない，NGO に期待している	代表と副代表だけでは意味がない
地域住民の学校支援委員会の理解	学校支援委員会は学校を支えている	自分たちがいなくても学校は機能している	n.a
その他	教員養成学校敷地内	オーストラリアの NGO による支援	n.a

注：＊はＫ校では５名の保護者の性別が不明であるため，該当データなし。
出典：著者作成。

一方で，Ｋ校は校長の学校支援委員会に対する期待値は低く，学校支援委員会の学校への関与は中程度である。実際にはＫ校の学校支援委員会は会議に出席することのみである。また，資金調達のために校長が自ら個人的支援者を回ったり，NGO の支援を受けたりしていることから，Ｋ校の学校運営が学校支援委員会以外の介入で成り立っており，逆にそのことが学校支援委員会の委員に自分たちの存在意義を過小評価させ，学校支援委員会の関与がより低くなっていると考えられる。

また，中関与グループのＫ校とＰ校においては，Ｋ校が都市部に，Ｐ校は豊かな農村部に位置しており立地条件が異なる。Ｋ校校長は，学校支援委員会よりも海外NGOや個人的支援者からの支援の方が期待ができ，さらに，都市部では農村部と異なり地域コミュニティの人々はお金はあるが時間がないため，学校への支援は難しいと述べている。都市部にあるＡ校も寺院での資金集めを行っていないことからも，都市部においては地域コミュニティの協力を得ることは難しいことが示唆される。一方で，農村部のＰ校においては，寺院での寄付金集めを積極的に行っており，カンボジアの社会の都市部と農村部における地域との関わり方によるものであると考えられる。

これらのことから，Ａ校は，学校支援委員会を通して保護者からの寄付金集めを行っていたり地域住民が学校支援委員会委員として積極的に関わるなど物

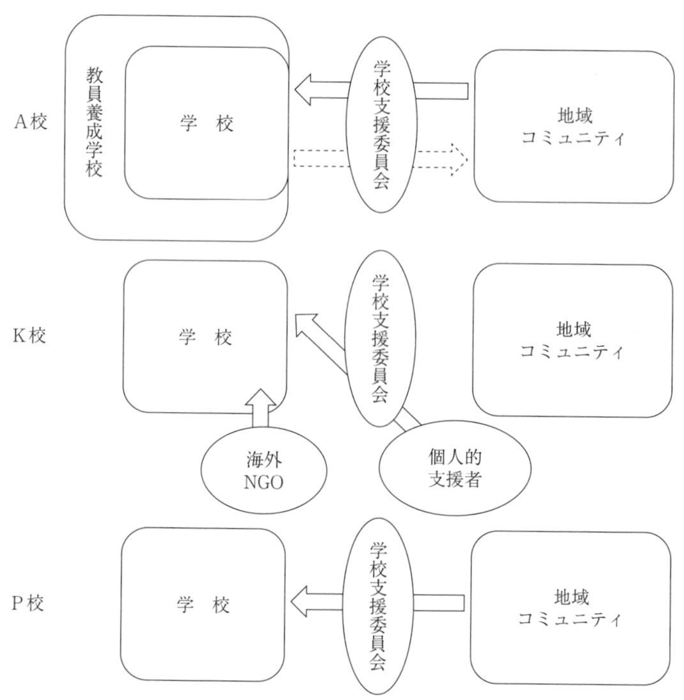

図24　Ａ校，Ｋ校，Ｐ校における学校支援委員会の役割の概念図

出典：著者作成。

的人的動員がある。また，逆に学校側からも学校支援委員会を通じて地域コミュニティの状況を学校年年次計画に反映させたりするなど，学校のアカウンタビリティを高めていることから，相互に機能していると言える。K校は，地域住民が学校支援委員会委員として関わってはいるが積極的な関わりとは言えず，また，寄付金についても学校支援委員会の関与はなく，個人的支援者や海外NGOなどから学校に直接寄付の物的動員が行われており，支援者からの片側のみの機能にとどまっている。P校は，学校支援委員会を通じて地域住民からの寄付金集めを行っており，物的動員がある。しかし，学校側が学校支援委員会を通じて学校のアカウンタビリティを高めているとは言えないことから，片側のみの機能にとどまっている。これらを図式化したものが，図24である。物的人的動員を白の矢印で，学校側からのアカウンタビリティを点線の矢印で示している。

（2）　中規模校

調査時の全児童数は，B校は315名（2012年），C校は354名（2010年），D校は484名（2012年）である。カンダール州平均の418名に近い学校としてB校，C校，D校を中規模校として分類した。

B校とD校は同じサアン郡に位置しており，C校はキエンスバイ郡に位置している。サアン郡はキエンスバイ郡と比較すると貧しい地域であるが，学校周辺の様子からおおよそB校，C校，D校ともに経済的には同等であると言える。

B校は，ムスリムが多い地域で，仏教行事である寺院での「寄進祭り」はできない。また，ムスリムが漁業を生業としていることから，季節によっては欠席が多く，貧困層も多い。これらから，学校運営においては容易な地域ではない。サアン郡教育局担当者によると，B校は４年前に新しい校長が赴任し，学校支援委員会の再編成を行ってきた。現在の学校支援委員会は，校長を除いて地域住民で構成されている（表56参照）。今後，B校内またはB村にプレスクールの設置を行うことが予定されており，教育コミュニティを拡充する取り組みの途中である。そのため，新たな委員と共に議論を重ねている段階である。そ

表56　B校，C校，D校の学校および学校支援委員会の詳細

	B　校	C　校	D　校
全校児童（うち，女子）	364（158）名	354（156）名	477（208）名
クラス数	10	7	12
1クラス人数	36.4名	50.5名	39.7名
教員数	6名	7名	6名
2003—2010年平均退学率（女子）	7.2%（7.5%）	8.2%（8.8%）	9.7%（9.7%）
2003—2010年平均留年率（女子）	8.0%（8.0%）	6.9%（6.8%）	5.9%（4.6%）
関与の度合い	高関与グループ	中関与グループ	低関与グループ
地域住民の学校支援委員会の割合	80%	60%	20%
女性の学校支援委員会の割合	20%	0%	0%
学校支援委員会による寄付金集め	学校支援委員会と時期や内容を相談のうえで，児童たちを通じて実施	学校支援委員会から「寄進祭り」開催	村人に伝えてもらう
校長の学校支援委員会に対する期待	共に課題解決を目指す	期待できない	期待できない
その他	ムスリムとクメールの共生		校長の住居は10km 離れている

出典：著者作成。

のような中，新校長の下で新たな動きもあった。新たに加わった学校支援委員会が水道会社を経営していることから，安全な水へのアクセスがなかったB校に浄化槽の設置を行い，安全な水の確保が可能となった。また，女性の委員が学校支援委員会に加わったことで，女児の問題解決へとつながったケースもある。地域コミュニティが貧しいため，学校に対してはあまり協力的ではないながらも，学校支援委員会が学校の課題を解決するために積極的に関わっていることがうかがえる。

B校の学校支援委員会が高関与であるのと対極なのがD校である。5名の学

校支援委員会の内４名を教員が占めており，前村長が唯一の地域住民の委員である。前村長は会議へは参加をしていると述べているものの，会議の内容についての質問に答えることができないなど，曖昧なところが多い。また，寄付金集めについては，前村長が地域の会議に出席する際に，他の村長などの地域の権威者に寄付の依頼を地域に伝えてもらうという方法をとっている。寺院での寄付金集めを実施するには，寺委員会とのネットワークが必要となることから，Ｄ校では地域住民との関係構築がほとんどないことがうかがえる。

サアン郡の教育局担当者は，Ｄ校の教員の遅刻や欠席が多く，また学校支援委員会も全く活発ではないことから，学校支援委員会を含む学校運営や教員の怠慢を改善するように働きかけるが，何も変化がなく困っていると述べている。また，都市部から離れていることから新しい教員の赴任も期待できないとも述べている。実際に，校長はＤ校から10kmほど離れたところに住んでおり，地域住民との接点が少ないことに加え，学校に対する愛着の低さがうかがえる。カンボジアでは，教員の１か月の給与は校長でも20万リエル（50ドル）から40万リエル（100ドル）と低く（教育ユース・スポーツ省初等教育担当者インタビューより），授業が終わればすぐに帰ってしまう。つまり，学校に滞在する時間は授業を行う時間のみである。遠方に住んでいれば，学校は単なる授業を行う場所に過ぎず，学校に対する愛着やオーナーシップが生まれにくい。地域住民との関わりがなければなおさらであると考えられる。

Ｃ校は，中関与グループに分類できる。地域住民の学校支援委員会の割合は５人中３名の60％で，３名とも寺委員会や村事務所の委員，葬儀委員会など，地域と関わりの深い地域住民である。寄付金集めは，地域住民の学校支援委員会を通じて「寄進祭り」を行っている。一方で，地域の子どもたちの就学促進については，村長から保護者に学校に就学させるようにという連絡が入ることから，就学促進については学校支援委員会は直接関わってない。校長は，学校支援委員会は貧しくて忙しいので，あまり期待はできないとしており，学校支援委員会の役割を寄付金集めや会議の参加での関わりに限定していることがうかがえる。

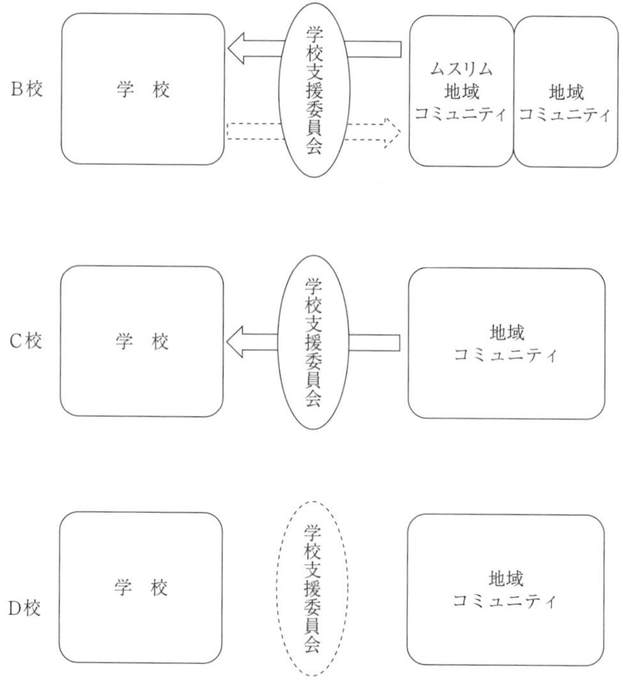

図25　B校，C校，D校における学校支援委員会の役割の概念図

出典：著者作成。

これらのことから，図25で示すように，B校では，地域住民からの支援は少ないとしながらも，学校支援委員会からの助言を得るなどして保護者からの寄付金集めを行っており，また，地域住民が学校支援委員会委員として積極的に関わるなど物的人的動員がある。逆に学校は学校内にある宗教間のギャップやそこから生まれる困難を学校支援委員会を通じて解決しようとするなど学校のアカウンタビリティを高めていることから，双方に機能していると言える。C校では，学校支援委員会を通じて地域住民からの寄付金集めを行っており，物的動員がある。しかし，学校側が学校支援委員会を通じて学校のアカウンタビリティを高めているとは言えないことから，片側のみの機能にとどまっていると言える。D校では，教員が学校支援委員会や保護者を含めた地域住民との関係性が希薄であり，学校支援委員会も機能しているとは言えない。そのため，学校支援委員会を通じて地域コミュニティからの物的人的動員はなく，学校からのアカウンタビリティも示されておらず，学校支援委員会が低機能であると言える。なお，図25では，物的人的動員を白の矢印で，学校側からのアカウンタビリティを点線の矢印で示している。また，D校の学校支援委員会が機能していない状況にあるため，点線の表記としている。

（3）小規模校

調査時の2010年における全児童数は，R校は285名，S校は206名である。R校とS校は両校ともにキエンスバイ郡に位置しているが，その距離は9kmほど離れている。S校は，都市部から離れており，また，地方に向かう道路から脇道にそれた地域でもあり，R校に比べると経済的に貧しい地域である。表57は，2007年のR校周辺のR村とS校周辺のS村の住居形態である。R村の世帯数はS村の87.9%であるが，水田の数はR村がS村の18.4%と少ないことから，R村よりもS村の方が農業従事者が多いことが分かる。また，家屋形態は，かやぶきが最も貧しい家屋形態で，最も裕福な家屋形態はコンクリート造であるが，S村ではかやぶきが48.2%と多いのに対して，R村では4.3%と少なく，逆にR村で最も多いトタンの家は86.9%を占めているが，S村では30.2%程度である。このことからも，R村の方が経済的に豊かな地域であると言える。

R校は，6クラスあり，1クラス47.5名の学校である。開学は1979年であるが，2002年に日本人女性の支援によって校舎の建て直しを行っている。この時の校舎建築は地域住民が行っている。また，校長が赴任した際に学校支援委員会の委員を入れ替えると同時に保護者会を設立した。保護者会は児童の保護者から選出され，調査時の2011年度は8名（うち3名は女性）が保護者

表57　R村とS村の世帯数，家屋形態，水田数

		R　村	S　村
世帯数		329	374
家屋形態（%）	かやぶき	4.3	48.2
	レンガ屋根	8.5	11.2
	トタンとコンクリート	0	9.2
	トタン	86.9	30.2
	コンクリート	0.3	0.5
水田の数		47	255

出典：各村長提供資料より著者作成。

会委員である。学校支援委員会の委員は保護者会の委員によって選出され，保護者会から５名が，残りの４名を保護者会以外の委員が担っている。学校支援委員会は学校運営に関わる意思決定を担い，保護者会は保護者への連絡や寄付金集めなどを担っており，それぞれの役割は異なる。保護者会があることにより，保護者へ伝えたい情報をより多くの保護者に伝えることができ，また，寄付金集めや子どもたちの就学上の問題などへの対応も容易にできると校長は考えている。また，保護者会では子どもたちや地域の情報が集まりやすく，皆が同じ保護者という立場から会議の場でさまざまな意見を出しやすいとも述べている。なお，保護者会も学校支援委員会も，委員同士での評価を行っており，会議の参加が少なかったり，活動に対して積極的でなかったりした場合には，除名されることもある。これは，保護者会と学校支援委員会をより効率的，効果的な組織にしようとするものであると校長は述べている。

具体的な保護者会の活動は，月に１度保護者会主催の集まりを設け，児童の保護者に対して教師から児童たちの学校の状況や勉強への取り組みや親の支援の仕方などについて話をしている。同じ日に午前と午後の２回開催されており，児童の保護者の８割程度が毎回参加している。また，学校支援委員会は，年度開始前に教員，区長，教育関係者が同席して，地域住民に対して就学の促進や学校についての説明をするなどの会を開催している。

退学者を減らすために，保護者に学校支援委員会や校長らが教育の重要性について伝えたり，退学した子どもたちが復学しやすいよう，またハンディキャップや貧困などの問題を抱えた子どもたちが就学しやすいよう，Ｔシャツや文具，自転車などの就学支援を行ったりしている。さらに，月に１回成績表を持ち帰らせ，保護者が子どもたちの成績を確認できるようにするなど，保護者が学校に参加しやすい工夫をしている。

一方で，Ｓ校は，６クラスあるにもかかわらず５人しか教員が配置されていない。また，Ｓ校においては，PB と学校支援委員会ミーティングは開催しているが，出席しているのは主に教員のみで，地域住民の学校支援委員会は１年に１回しか参加していない。その他お互い用事がある場合には，電話や学校で連絡を取ることになっているが，校長はほとんど学校支援委員会や地域住民とは関わりがないと述べている。さらに，学校支援委員会を介して地域コミュニティに対して行う寄付金集めは，実施しておらず，学校でお金が必要な場合には，児童を通して保護者に連絡をして寄付を募っている。第1節で，S校は学校支援委員会が学校に対してほとんど関与がない低関与グループに分類されており，地域住民や学校支援委員会との関係の希薄さが校長の発言からうかがえる。

キエンスバイ郡の教育担当者によると，S校は教員の欠席や遅刻が多く，学校運営にも問題があることから，郡の教育担当者が学校改善の指導や助言をするが，ほとんど改善されていない。そのため，新たな校長や教員の入れ替えを検討しているが，S村が都心から離れた貧しい地域であることから，教員が赴任を拒むことが多く，適任者がいないため，教員が少ない状況にある。10名の学校支援委員会の中には，3名の20代の教員がおり，遠隔地での採用として赴

表58　R校とS校の学校および学校支援委員会の詳細

	R　校	S　校
全校児童（うち，女子）	285（78）名	206（105）名
クラス数	6	6
1クラス人数	47.5	41.2
教員数	8名	5名
2003─2010年平均退学率（女子）	3.8%（6.5%）	8.7%（10.2%）
2003─2010年平均留年率（女子）	6.8%（9.9%）	9.8%（ 7.2%）
関与の度合い	高関与グループ	低関与グループ
地域住民の学校支援委員会の割合	56%	40%
女性の学校支援委員会の割合	33%	10%
学校支援委員会による寄付金集め	学校支援委員会と保護者会での呼びかけ 寺院での募金箱	n.a
校長の学校支援委員会に対する期待	なくてはならない存在	期待していない
その他	校長権限で保護者会の設置	校長の自宅は30km 離れている

出典：著者作成。

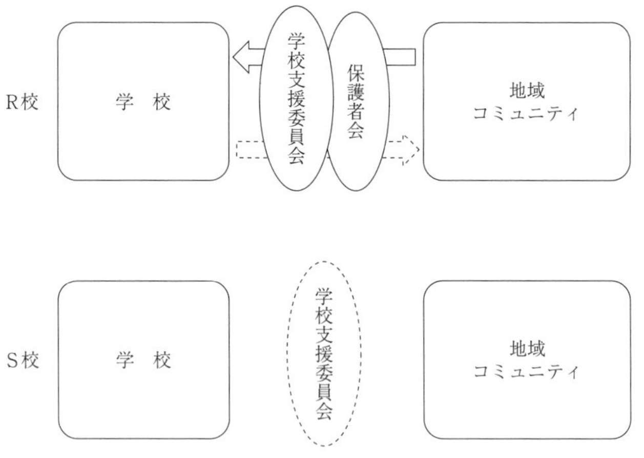

図26　R校とS校における学校支援委員会の役割の概念図

出典：著者作成。

任してきている。校長は，2009年度に赴任してきており，自宅は30km 離れたところに居住しており，学校支援委員会の教員も 6 km から 8 km 離れたところに居住していることがインタビューの中で明らかになっている。

これらのことから図26で示すように，R校では，校長の権限によって保護者会を設置し，保護者会や学校支援委員会を通じて，地域コミュニティから寄付金集めを行ったり，保護者会や学校支援委員会などに地域住民が積極的に関わるなど物的人的動員がある。また，学校は保護者会や学校支援委員会を通じて保護者や地域住民に教育の重要性や学校での様子を伝えるなど，学校のアカウンタビリティを高めていることから，相互に機能していると言える。一方でS校は，教員が学校支援委員会や保護者を含めた地域住民との関係性が希薄であり，学校支援委員会も機能しているとは言えない。そのため，学校支援委員会を通じて地域コミュニティからの物的人的動員はなく，学校からのアカウンタビリティも示されておらず，学校支援委員会が低機能である。なお，図26では，物的人的動員を白の矢印で，学校側からのアカウンタビリティを点線の矢印で示している。また，D校の学校支援委員会が機能していない状況にあるため，点線での表記としている。

（4）　学校規模の比較で明示されたことは何か

第4節では，規模や立地が同じ学校同士を比較して，関与の度合いの違いとその要因を分析してきた。立地や規模が同じでも，校長と地域コミュニティとの連携や校長のリーダーシップや学校支援委員会に対する期待などが異なることから，立地や規模以外の要因によって，関与の度合いが異なることが明らかとなった。

立地と規模が同じA校とK校との比較とB校C校D校との比較から，同地域，または同質の地域で，規模が同じであるからといって，学校支援委員会の学校への関わりが同じであるとは限らないことが明らかとなった。一方で，A校およびK校とP校との比較は，同じ規模でありながら都市部と農村部に位置するという立地での違いを示すものである。同様に，D校とR校との比較は，2校ともに農村部でありながらも，比較的豊かな農村地と貧しい農村地という立地での違いが示された。このA校およびK校とP校，そしてD校とR校の比較から，都市部や農村部といった立地は，学校の寄付金集めの方法が異なる理由となる。しかし，学校の規模の大きさは関与の度合いを説明するための理由にはならないことが明らかとなった。

また，それぞれの学校と地域コミュニティの関わりについての概念を図式化したものを，第1節での関与の度合い別に並び替えたものが，図27である。高関与グループは，A校，B校，R校である。高関与グループは，保護者および地域住民などの地域コミュニティが学校支援委員会を通じて寄付を行ったり，学校支援委員会委員として積極的に関わるなど物的人的動員がある。また，学校は学校支援委員会を通じて保護者や地域住民に対する学校のアカウンタビリティを高めていることから，高関与グループの学校と地域コミュニティは相互に作用しており，この関係の形式を「相互作用型」と言うことができる（図27参照）。

中関与グループは，P校，C校，K校である。中関与グループは，地域コミュニティから学校支援委員会委員への人的動員はあるものの積極的な関わり

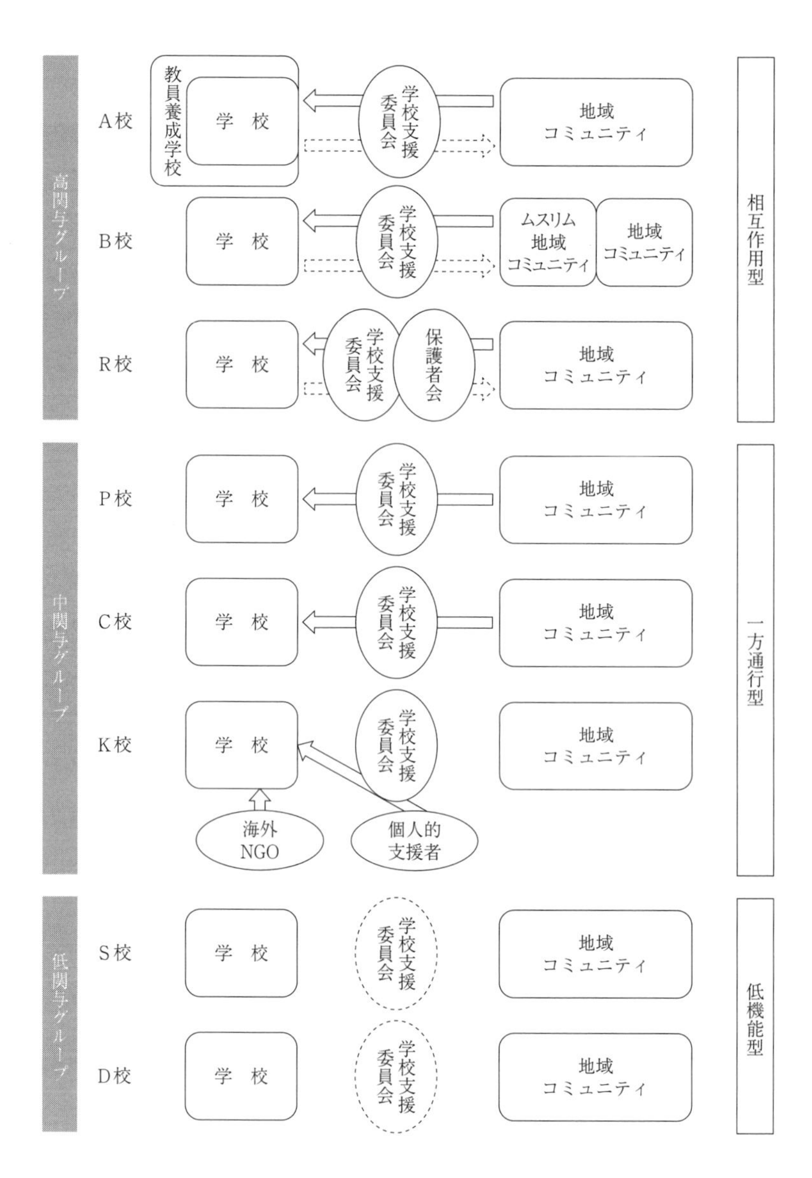

図27　8校の関与の程度別の学校支援委員会の役割の概念図

出典：著者作成。

であるとは言えない。しかし，学校支援委員会を通じて地域住民が寄付を行うなどの物的動員はある。また，K校に関しては，個人的支援者や海外NGOからの物的人的支援がある。一方で，学校側が学校支援委員会を通じて地域コミュニティに対して学校のアカウンタビリティを高めているとは言えないことから，片側のみの機能にとどまっている。このことから，中関与グループの学校と地域コミュニティの関係は，「一方通行型」と言うことができる（図27参照）。

低関与グループは，D校とS校である。D校S校ともに，学校支援委員会や保護者を含めた地域住民との関係性が希薄であり，学校支援委員会も機能しているとは言えない。そのため，学校支援委員会を通じて地域コミュニティからの物的人的動員はなく，学校からのアカウンタビリティも示されておらず，学校支援委員会が低機能である。このことから，低関与グループの学校と地域コミュニティの関係は，「低機能型」と言うことができる（図27参照）。

SBMにおいては，学校支援委員会が学校に関わることにより，学校が地域に対してアカウンタビリティを高め，それが教育・学習環境の改善につながり，その結果，児童のアウトプットとして内部効率性や学習達成の向上につながる（図20参照）。

本書では，8校の学校を事例に，学校と地域コミュニティの関係を「高関与」「中関与」「低関与」の3つのグループに分類した。そして，「高関与」グループにおいては退学率が低く，「低関与」グループは退学率が高いという結果が得られた。また，「高関与」グループにおいては学校が地域コミュニティに対してアカウンタビリティを高めており，学校と地域コミュニティの関係が「相互作用型」となっているという結果が得られた。つまり，「高関与」グループのA校，B校，R校の学校支援委員会に，SBMにおける促進要因があると考えることができる。一方で，「低関与」グループにおいては，退学率が高く，学校が地域コミュニティに対してのアカウンタビリティを示しておらず，地域コミュニティとの関係性も希薄であり，学校支援委員会自体が機能していない「低機能型」であるという結果が得られた。つまり，「低関与」グループのR校とS校の学校支援委員会に，SBMにおける阻害要因があると考えることができる。

そこで，次章では，これらの「高関与」「中関与」「低関与」グループの比較から，地域住民の学校参加の阻害要因と促進要因を考察する。

第5章
地域住民の学校参加の阻害要因と促進要因

1　低関与の学校支援委員会からみるSBMの阻害要因

（1）　学校支援委員会の過小評価と学校支援委員会に対する期待値の低さ

SBMを阻害する第一の要因は，学校支援委員会の過小評価と学校支援委員会に対する期待値の低さである。これらが，学校支援委員会の学校への関与を低くしていると考えられる。

まず，地域住民である学校支援委員会の委員の過小評価であるが，彼らは自分たちの関わりが，地域コミュニティの中で学校と地域とをつなぐ役割を担い，学校を支援する役割であることを認識していない。自分たちがいなくとも学校は機能するし，寄付金集め以外においては重要な役割を担っていないと考えている。

その理由は，学校支援委員会が何を目的として，どんな成果をもたらすのかということについて理解していないからである。学校支援委員会の委員が，学校支援委員会についての十分な説明がないまま任命され，学校支援委員会に携わるのに必要な権限，情報，知識および技術が享受されていないことから，任命された役割を担うことができないと推測することができる。

また，校長からの過小評価と期待値の低さであるが，これも学校支援委員会の過小評価と同様，学校支援委員会の役割を理解認識していないことにある。また，学校支援委員会が直接学校に対してどのような影響を与え，何に寄与するのかが明確でないため，積極的に関わってもらおうという士気は高まらないのではなかろうか。

低関与のＳ校とＤ校においては，学校と地域コミュニティの関係が希薄であることが調査から明らかになっていることから，学校側が保護者や地域住民について十分に知らないまま，制度導入のためだけに委員を依頼したと考えることができる。制度の導入においても，そこに人が介する以上は，コミュニケーションが必要となる。そのための，時間や労力，コミュニケーションに必要な対人関係構築などの努力が学校側に求められる。また，学校側にこれらの能力が十分に備わっていない場合には，学校をカバーしている郡の教育局によるサポートが不可欠であると考えられる。行政の介入によって学校と地域コミュニティにSBM実施のために必要な情報や知識や技術などが投入されることにより，学校支援委員会の役割と効果についての理解が高まる。

（2） 校長の能力の不足

SBMを阻害する第二の要因は校長の能力の不足である。具体的には，学校周辺の地域コミュニティとのコミュニケーションや連携，学校運営管理能力，事務能力，人的な管理能力，学校に対するオーナーシップ，新たな取り組みに対するリーダーシップなどの能力の欠如である。

低関与の学校は，校舎や校庭が整備されておらず，職員室の壁に多くの学校で見られる就学者数や退学者数などの児童に関する表やグラフ，教職員などの写真入りの学校組織図が確認できなかった。また，PBに関する資料やその他学校関係の資料はすべて学校内では保管されておらず，教員については欠席や遅刻などの怠慢，などが確認できた。

これらの学校環境の未整備は，学校を統括する校長の能力の不足が要因である。その第一の理由として，教員の給与の低さが挙げられる。カンボジアでは学校教員の給与が他の国に比べると極めて低い。一般教員であれば約25ドルから勤続年数等で増加する。校長などの場合には，20万リエル（50ドル）から40万リエル（100ドル）程度である（2011年州教育局インタビュー調査より）。それに対して，SBMの導入によって，学校支援委員会への連絡調整や，それまで不要だったさまざまな業務を一手に校長が担うことになる。つまり，SBMは校長の労働負担を増やすものでもある。また，学校支援委員会の活用については各学校にゆだねられており，積極的に活動を行っていても，もしくは消極的な活動に留まっていても，校長個人にとっては負担の増減以外の大きなメリットはない。そのため，学校支援委員会を活発にさせるための個人的なモチベーションは小さい。

また，能力の不足の第二の理由として，学歴，つまり就学年数の低さが挙げられる。カンボジアでは，ポル・ポト政権下で崩壊した教育システムの再築において量的拡大を図るために低学歴であっても教員として採用してきた。そのため，教員の学歴に差異があり，学歴が低い教員ほど能力が不足している。本研究では，低関与の校長の学歴が，高関与の校長の学歴に比べて低いことが明らかとなっている。

給与の低さと能力の低さは仕事に対するモチベーションも失わせてしまう。つまり，校長としての仕事へのモチベーションがないので，主体的な取り組みや給与に反映されない業務は担当したくない。学校支援委員会の業務は，地域住民の委員との連絡や会議の準備や会議の実施など，さまざまあるが，学校支援委員会を機能させなかったとしても，何も問題はない。したがって，校長の能力の不足から，学校支援委員会の活動を放棄していると考えられる。

（3） 学校コミュニティにおける校長の権限の集中

SBM を阻害する第三の要因はカンボジア社会特有の社会構造による校長の権力の集中である。学校支援委員会においては，校長は副代表やアドバイザーなどの立場であることが多く，学校支援委員会代表は地域住民である寺のアチャー（祭司），村長，僧侶などが務めている。しかしながら，学校支援委員会のインタビューにおいては，校長以外に質問をしても校長が答える場面や，本来皆が共有すべき情報も校長のみが把握しているという場面が見られた。村長と校長，僧侶と校長など，どちらも権威を持った立場であることには変わりないが，学校支援委員会においては本来代表の役職を持った方がトップであるにもかかわらず，インタビュー内で校長以外の学校支援委員会の発言においては常に校長に確認を行うといったことが見られた。また，会議においても校長以外の学校支援委員会委員は校長の指示による参加で，主体的な参加は確認できなかった。つまり，学校コミュニティにおいては，本来学校とパートナーとして機能するはずの学校支援委員会が校長の下部組織として位置しており，その発言や活動が校長の指示によって行われている。これは，学校内において校長をトップとする社会構造の存在が大きいと言える。

校長のキャパシティやリーダーシップが求められる一方で，校長に権限が集中した社会構造がカンボジアのSBMを阻害していると考えることは，一見矛盾しているように見えるが，校長に優れた管理能力が備わっていれば，学校支援委員会により多くの権限を委譲することで，自らの権限を委譲し，統制管理に集中できる。統制活動もより活発になり，新たな取り組みの施行の可能性もあるだろう。

Chapman et al.（2002）は，SBMの課題として，地方政府や学校が決定権を行使するための能力，特に人的および財政的資源を有効活用できる能力を保持しているかという点が十分に考慮されていないと指摘しており，このことはカンボジアにおけるSBMの課題としても同様であることが確認できた。

（4） 学校支援委員会におけるモチベーションの低さ

SBMを阻害する第四の要因は，学校支援委員会におけるモチベーションの低さである。本研究のインタビュー調査においては個別インタビューとグループ・インタビューを実施した。その際に，校長は発言において「学校支援委員会」を指す場合に「彼ら」という言葉を用い，逆に学校関係者以外の学校支援委員会の委員は「学校支援委員会」を「私たち」という言葉で表現をしていた。例えば，K校における以下のやり取りから見ることができる（下線部は著者による）。

K校校長：彼ら（学校支援委員会）は何もしてくれませんので，私自身が個人的支援者に支援の依頼に行きます。学校支援委員会ではなく校長としての私が行きます。

著　　者：あなたも学校支援委員会の委員ですよね？

K校校長：そうです，私も学校支援委員会の委員です。そして，本校の校長ですので，寄付金集めは私がやらなくてはなりません。彼らは寄付金集めをしてくれませんから。

著　　者：個人的支援者に依頼に行く際には，どのような立場としていくのですか？

K校校長：学校支援委員会としても行きますが，主に校長としても行きます。

また，会議においては，本来学校支援委員会の委員が全員参加するべきものであるにもかかわらず，学内の学校支援委員会のみで会議を実施するケースも見られた。学校支援委員会は地域住民の学校参加を促進するものであり，その構成員には校長や教員などの学校関係者の他に地域の権威者や保護者代表などが含まれることになっている。しかしながら，低関与の学校においては教員のみで会議を実施したり，「彼ら＝保護者および地域住民＝学校支援委員会」と「自分たち＝教員＝学校関係者」と区別をするなど，同じ学校支援委員会の委員であるという意識を持っていないことがうかがえる。先に述べたK校校長の発言においても，「『彼ら＝学校支援委員』は何もしない」ことを強調しており，自分たちを学校支援委員会から切り離してとらえていることが分かる[32]。

そして，そうすることにより，自分たちの責任を回避しているととらえることができる。Turner（2002）は，「カンボジアにおいて地方行政局が権限を委譲されたとしても，意思決定を下すことを嫌がり，そのまま上位組織に意思決定を任せるか単純に何もしないかのどちらかであろう」と述べている通り，学校長と学校支援委員会の代表そして教員を含む委員ともに，学校支援委員会の責任を担っている様子はうかがえない。

一方で，地域住民の委員側からは，PB委員会会議には，学校支援委員会の委員の参加が求められている。しかしながら，PB委員会会議に地域住民の学校支援委員会委員が参加しなかったとしても，PBの申請は可能であるし，予算も配分される（Nguon 2011）。また，学校支援委員会の会議においても学校年次計画策定においては，ある程度の方針は校長により方針づけられている

---

(32)　利根川・正楽（2016）はこれを学校側と地域住民の間の乖離としている。

（インタビュー調査より）。また，他の学校支援委員会の活動に積極的でなかったとしても何の問題も起こらない。つまり，学校支援委員会においては極端に言えば，消極的な参加であったとしても，むしろ学校支援委員会の活動を行わなかったとしても，「学校は機能する」のである。さらに，学校支援委員会の仕事は，無償で行っているものである。無理のない範囲で無償で頼まれた仕事に対して，責任を負うことはそもそもしないであろう。

本書の調査では，学校支援委員会が活発でない理由は「無償」であることという発言を多く聞いた。著者が，かつてNGO活動にカンボジアで携わった際，地域住民に対してサービスを提供したいが，その前に聞き取り調査を行いたいとスタッフに伝えたところ，「村の人たちは忙しいので，お金を払わないと集まってくれません」という言葉に驚いたことがある。ことカンボジアの農村地においては「無償」で人に依頼することは容易でないことが想像できる。つまり，学校支援委員会の委員においても無償で行う労力に対するモチベーションが低いことが要因の１つであると考えられる。

2　高関与の学校支援委員会からみるSBMの促進要因

（1）　補完的組織の存在

SBMを促進する第一の要因は，保護者会などの学校支援委員会に対する補完的組織の存在である。学校支援委員会は，会議が１年に２回から３回と極めて少ない上に，すでに議論する内容がある程度決められているため，学校や児童の諸問題に対して細かな意見を交わすことが難しいことが想像できる。また，学校支援委員会は，保護者および地域住民が関わることになっているが，実際には単なる保護者はほとんど委員にはなっておらず，委員の多くが村長や区長を含めた地域の権力者，僧侶，アチャー（祭司）などの社会的階層において上層にいる人たちで占められている。つまり，単なる保護者代表や地域住民代表としての参加は，たとえ会議に参加していたとしても，他の社会的階層の上層にいる人たちに対して同等に意見を述べることは容易ではない。利根川・正楽(2016)はこれに対し,「校長の主導的な役割により,学校支援委員会を通して,地域住民が持つ学校に関する期待や意見が集約され,議論されれば,学校に関わるステークホルダーが望むような学校が実現されるのではないだろうか」と述べているように,学校支援委員会が対応できる内容には限りがあり,保護者および地域住民が自由に学校教育について議論ができる場が求められている。

本書では,高関与グループのR校において,学校支援委員会の補完的組織として設置された保護者会が,学校支援委員会の学校への関与を高め,退学率と留年率の減少に大きな影響を及ぼしているケースが明らかになっている[33]。

R校の保護者会とは,学校支援委員会が学校の意思決定を含む学校運営を行うものであるのに対して,保護者により近い存在として,学校からの諸連絡の伝達や寄付金集めを円滑に行うためのものである。保護者会では選挙によって,学校に通う児童の保護者から8名が選ばれ,その8名の保護者会の委員が学校支援委員会の委員を選出する。また,会議も同日に時間をずらして開催したり,合同で行ったりする。そうすることで,それぞれの組織で目的に応じて自由に意見を交わすことができる。保護者会では子どもたちや地域の情報が集まりやすく,保護者という立場から会議の場でさまざまな意見を出しやすいと校長は述べている。また,保護者会から出た意見や案は学校支援委員会で協議され,実施される。実際に保護者会から出た案が採用されている。例えば,R校では道路を挟んだ向かいに寺院があるが,その寺院に境内に募金箱を設置した。募金箱に集まったお金を使って,退学した子どもたちや障害を持った子どもたちに対する就学支援をすることになり,文房具や自転車,服などを寄贈している。また,保護者会は,単に会議で意見を出し合うだけではなく,保護者や地域住民に対する啓蒙活動も行っている。月に1度,全児童の保護者を対象とした保護者会を開催し,教師が児童たちの学校の状況や勉強への取り組みを伝えたり,子どもたちに対する親の支援の仕方などについて話をしている。児童の保護者

(33)　一方で,マラウィのケースからは,任意で設置された保護者会もあるが,その役割と責任が不明瞭で,ほとんど機能していないことが明らかになっている(Rose 2003)。

の8割程度が毎回参加している。

学校支援委員会が地域住民の代表であるならば，保護者会は保護者の代表によるグループといえる。そこでは，子どもの親という同じ立場で保護者たちが自由に意見を述べることができ，子どもの教育への理解を深めることができると同時に，学校に頻繁に足を運ぶことにより教師や学校に対しての信頼感も深めることができる。

R校の保護者会は，単に保護者や地域住民を学校活動に参加させるだけでなく，子どもたちの教育に対する責任を保護者に意識させることに成功しており，そうすることで，保護者や地域住民の意識の変容を促し，結果的に退学や留年を抑制することができていると考えられる。

(2) 校長のリーダーシップ

SBMを促進するための第二の要因は，校長のリーダーシップである。多くの先行研究[(34)]が指摘しているように，SBMでは，学校においてはもちろんのこと，学校支援委員会においても校長はカギとなる人物である。そして，その校長のリーダーシップによって学校支援委員会が機能するか，しないかが左右されると言っても過言ではない。

その理由は阻害要因において示したように，カンボジアの学校コミュニティが校長をトップとする社会構造であり，校長に権力が集中することにより，学校支援委員会の関わりが校長の指示によるものとなり，主体的な参加が阻まれているからである。

高関与グループの校長はいずれもタイプは異なるものの，周りの人たちを上手に巻き込みながら学校と学校支援委員会の運営を担っていた。R校の校長は，児童に必要なものがあれば，私財を投じた。学校には常に早く行き，児童や教師に積極的に声をかけるなど，教師の仕事に積極的に取り組んでいる。赴任当初に学校支援委員会の改編を行った際に保護者会の設置を提案し，その実現に

---

(34) 例えば，(吉村・木村・中原 2014)，(広瀬 2013)，(Caldwell 1998)，(Botha 2006)。

至った。また，月に1度，学校支援委員会と保護者会とで保護者に対して教育の重要性や子どもたちの就学の大切さを伝えている。学校支援委員会を通じて，貧困家庭の子どもや障害を持った子どもたちの就学支援も行っている。他校と異なり，学校支援委員会と保護者会のメンバーは選挙で決められるなど，独自性のある取り組みを行っている。これは，校長の権限とリーダーシップによるものであると考えられる。

また，B校校長は，ムスリムの多い地域において，学校内の複数の民族の共存から起こる問題を解決するために，学校支援委員会にムスリムの委員や女性を積極的に採用している。

このように，学校運営や学校支援委員会を機能させるためには，その地域の状況に応じた判断とそれを実施するリーダーシップが不可欠であると考える。そのためには，校長に対する能力向上のための知識や技術供与が不可欠であると考える。また，SBMは校長に大きな負担を強いることになるという批判があるが，前項（1）で示したような補完的組織の設置や，学校支援委員会を活発に機能させること，他の教職員の学校支援委員会への理解を深めることで，負担の軽減になると考えられる。すでに行われている校長間のネットワークを強化することにより，これらに有効な情報や知識を得ることにもつながる。

（3）　学校支援委員会における多様な住民の参加

SBMを促進させる第三の要因は，学校支援委員会における多様な住民の参加である。本書においては，学校支援委員会の委員が地域住民で構成されている割合が半数以上の場合において，学校支援委員会の意思決定を含む学校運営への関与が高いという結果となった。Kambayashi（2008）は学校支援委員会の構成委員が地域住民であることが効果的な学校支援委員会において重要であるとしており，同様のことが本書からも明らかとなった。

調査の中で教育ユース・スポーツ省初等教育担当者，カンダール州の教育局長は，「学校支援委員会の委員の選出」が学校支援委員会において重要であると述べているが，その意図するところは，権威者やビジネス成功者など地域住民に対して影響力の強い人が学校支援委員会の委員になることで，学校運営における寄付が集まりやすく，学校運営が活発になるというものである。しかし，学校支援委員会の役割は単に寄付を集めることではなく，学校運営における意思決定に地域コミュニティの声を反映させることでもある。

学校支援委員会の多くが地域住民で構成されていることにより，地域コミュニティとの連携が可能となり，地域に対しての情報の伝達，逆に地域住民からの伝達が容易になる。特にカンボジアで伝統的に行われている仏教行事としての「寄進祭り」の開催は，寺委員会の委員による協議が必要となる。そのため，学校支援委員会に寺委員会関係者がいることで，「寄進祭り」の開催が，より容易になる。また，情報の伝達においては，村長や区長など地域住民の権威者であり，地域について最もよく知る人が委員になることで，情報が伝達しやすい。本調査においてはこのような地域の権威者の参加が多くみられる。しかし，これらの地域の権威者以外にも，子どもに身近な保護者，エスニックマイノリティや女性など退学や留年をする傾向のある子どもたちに近い存在の人たちの代表が学校支援委員会の委員になることにより，より子どもの状況が伝わりやすく，学校側が子どもたちの問題に対処しやすくなる。実際に，B校の事例からは，ムスリムを委員に入れることにより，地域のムスリムの生活について学校計画に反映しやすくなったということが明らかとなっている。また，A校の事例からは，地域の教育行政担当者が学校支援委員会の委員となっており，学校運営における助言が得られやすいことも明らかとなっている。

これらのように，地域の権威者から地域住民を委員に選出するだけではなく，役割と目的を持った人選を行うことで，SBMをより促進することができる。

（4） 学校支援委員会および関係者の能力開発

SBMを促進するための第四の要因は，学校支援委員会やその関係者における能力開発である。本書の調査指標とした高関与モデルにおいて，「知識および技術」の享受はほとんどなされていなかった。学校支援委員会は，教員養成のトレーニングを経た学校教員とは異なり，学歴や社会的立場や年齢もさまざまでである。学校運営に関する知識がない状況で，学校運営に関する意思決定をすることは，到底できない。また，知識がない，つまり能力がないことは，モチベーションの低下にもつながり，結局，学校支援委員会の機能を低下させてしまうことになる。

A校の地域住民の学校支援委員会委員の1人は，州の教育局の職員である。つまり，教育についての専門的知識を持っており，それを学校支援委員会に提供したり，助言することができ，学校支援委員会が何をすべきかが明確になっていた。B校の地域住民の学校支援委員会の1人は，区の諮問委員も務めており，学校支援委員会と区の諮問委員の両者の立場で受けた研修から，積極的に地域住民に働きかけるようになったと述べている。

学校支援委員会は単独で機能しているわけではなく，郡の教育局による設置である。つまり，郡の教育局からの学校支援委員会が機能するための支援や助言などの介入はその責任として不可欠であると考えられる。したがって，それを可能にするために郡の教育局担当者らの知識や技術の能力向上も不可欠である。また，学校との連携において校長をはじめ教職員からの理解，支援や協力も必要不可欠であることから，教職員に対する知識や技術の能力向上も必要である。より多くの教育関係者が学校支援委員会の機能や役割を理解し，支援することにより，学校支援委員会の委員が，知識や技術を高めることで，積極的な関与につながるだろう。そうすることにより，学校支援委員会自体のモチベーションの向上や，学校への関与も高まると考えられる。

（5） 相互作用型モデル

図21で示した調査枠組みをもとに，これまでの調査の検証から得られた促進要因を考慮したモデルが図28である。教育ユース・スポーツ省から州の教育局へ，そして郡の教育局を通して学校に権限が委譲される（矢印①）。学校は学校支援委員とその補完的組織を通して地域コミュニティから物的人的動員を得る（矢印②）。また，SBM の運用や学校支援委員会の運用においては，郡の教育局による能力開発が行われ（矢印③），学校のアカウンタビリティが高まる（矢印

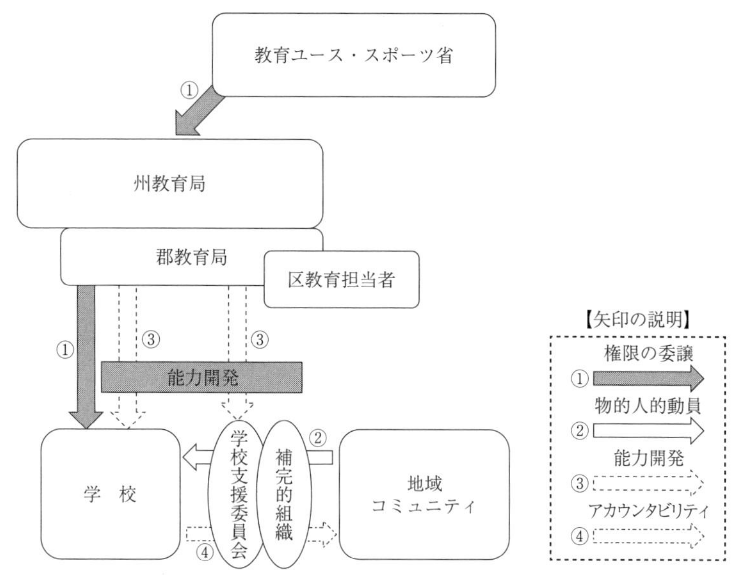

図28　相互作用型学校支援委員会のモデル

出典：著者作成。

④）というものである。地域コミュニティの学校参加においては，郡の教育局による任命であるため，行政の介入は不可欠である。また，現状の学校支援委員会においては，児童の保護者や地域住民が介入しにくい状況にあるため，それを補うための補完的組織の存在が重要である。

3　カンボジアにおけるSBMの効果

本書から得られた学校支援委員会の第一の効果は，学校支援委員会の学校運営における意思決定へ地域住民が参加することにより，児童の退学率が抑制されていることである。高関与グループの相互作用型の学校と地域コミュニティの関わりにおいて，地域コミュニティは学校支援委員会の委員として学校運営に積極的に関与したり，寄付をするなどの物的人的動員がある。一方で，学校側は学校支援委員会を通して，保護者および地域住民に積極的に「教育の重要性」を伝えたり，地域住民の生活環境を学校年次計画に盛り込むなど学校のアカウンタビリティを高めている。その相互作用が，児童の退学率の抑制という結果として現れている。なお，留年率も，退学率と同様の傾向はあるものの，低関与グループの学校の留年率が高く，高関与のグループでも留年率が高い学校があるなど，例外があったことから，退学率ほど強い関連性があるとは言えない。

第二の効果は，カンボジアの学校支援委員会が「伝統的な参加」を通して寄付金集めに寄与していることである。

仏教国であるカンボジアでは徳を積むことを良しとしており，年中行事の他にも寺院を通じて「寄進祭り」などのチャリティ・イベントが開催される。ここで学校修繕や改築のための「寄進祭り」を行うことにより，より多くの地域住民から寄付を得ることができる。これは，SBM が導入されるよりも前からカンボジアにおいて行われてきた宗教的慣習であり，SBM が導入されてからも「伝統的な参加」として以前と同様に実施されている。これに加えて，直接的にもしくは間接的に学校支援委員会を通して児童の保護者から寄付金を募る取り組みも行われている。これにより，PB 以外に学校裁量で使うことができる教育予算の確保が可能となり，教育活動において必要となる教材や文具，学校備品などの購入や修理に補完することができ，教育環境の改善につながっているのである。

結　論
カンボジアの学校運営における住民参加

1　社会的・文化的要因の住民参加への影響

本書では，学校運営における住民参加に対する阻害要因と促進要因を検証してきたが，これらの要因は，社会的・文化的要因に大きな影響を受けている。カンボジアにおいては，第2章で述べたように，フランス植民地時代に導入された近代教育制度はフランスからの独立後に確立されたが，国内の政情不安とポル・ポト政権により崩壊している。そしてその後の復興において，2000年を境に教育改革を進めてきた。教育が崩壊したこと，そして教育の崩壊から今に至るまでの教育拡充の期間が短いことは，現在のカンボジアにおける教育をめぐる諸問題の根源になっていると考えられる。また，ポル・ポト政権下で人々が受けた心の傷は，カンボジアの人々の人間関係や，組織に対する意識に大きな影響を及ぼしており，そのことが，学校運営における住民参加が限られたものになっている要因であると考えられる。そこで，カンボジアの学校運営における住民参加についての特徴を挙げ，それらがカンボジア特有の社会的・文化的要因からどのような影響を受けているのかということについて考察を加え本書のまとめとしたい。

第一に，地域住民の学校参加が寄付金集めに限定されており，学校運営における意思決定への参加ができないことが挙げられる。また，意思決定への参加があったとしても，消極的な関与にとどまっている。

仏教国であるカンボジアでは，徳を積むことを良しとしており，年中行事の他にも寺院を通じて行われる「寄進祭り」などのチャリティ・イベントに積極的に参加し，寄付を行う。本書では，これを「伝統的な参加」と呼んでいるが，

「伝統的な参加」は，文化的慣習として行われておりクメール人にとっては特別なことではない。一方で，学校運営への意思決定への参加は，本書では「制度化された参加」と呼んでいるが，2002年以降に導入された学校支援委員会の制度の中で導入された参加である。この「制度化された参加」を阻害する要因を４点挙げているが，それらに影響を及ぼす社会的・文化的要因はカンボジア特有の社会階層構造とカンボジアの大量虐殺と言われるポル・ポト政権下での記憶と経験によるものであると考えられる。

まず，カンボジアに根付いている社会階層構造によって，権力が社会階層の上層の人たちに集中している。また上層の人たちが下層の人たちに及ぼす影響力は大きいため，学校支援委員会には地域の権威者や影響力の強い社会階層の上層の人たちが選ばれる。学校支援委員会の役割については，教育ユース・スポーツ省や州の教育局長が「誰が学校支援委員会になるのかが重要」であり，「影響力が大きい人たちが委員になることで，寄付金が入りやすくなる」と述べているように，学校支援委員会の役割が主に学校への寄付金集めという物的動員であると理解されていることから，特に「寄進祭り」で寄付金集めをしている学校においては地域住民の中でも権威を持っている人たちが選ばれる傾向がある。そうして選ばれた学校支援委員会の内部においてもまた，社会階層構造による影響がある。学校においては校長に権力が集中しているため，たとえ地域住民が学校支援委員会として選出されたとしても，その立場はメンバー間で同質のものではなく，むしろ，学校支援委員会内の下層に追いやられ，主体的に参加するというよりも，上層にいる校長に従順に従うという構造となっている。校長が，地域住民の代表を同じ学校支援委員会のメンバーとして扱っていない事は，学校関係者の学校支援委員会と区別をして「彼ら」と呼んでいることからもうかがうことができる。また，地域住民であるメンバーが委員会へあまり積極的に参加していないとしても「学校支援委員会は機能している」と，事実と異なる回答をするケースも多々みられた。これらは，ポル・ポト時代に経験した権力に逆らうことに対する恐怖によるものであり，上から言われたことに対しては従順である一方，個人や組織に対する信頼や責任を負うことを極力避ける傾向がカンボジアの多くの人々にあるのではないかと考えられる。さらに，地域住民の中には，ポル・ポト時代に強制移住させられた人々も少なくない。現在住んでいる地域が生まれ育った地域でない場合には，地域や学校に対しての愛着やなじみを持ちにくく，住民の学校参加が拒まれると考えられる。

第二に，地域住民の中でも利害関係の強い保護者の学校参加が少ないことが挙げられる。地域住民の学校参加が少ない理由として社会階層構造について述べたが，保護者の参加についても同様に社会階層構造の影響が強いと考えられる。そして，それに加え，保護者の学歴の低さも要因であると考えられる。2003年と2006年に保護者の学校参加について調査をしたShoraku（2007）の研究の調査対象者である92名の保護者のうち，40％が初等教育中退，21％が学校に通ったことがなく，17％が前期中等教育中退，13％が初等教育卒業，５％が後期中等教育中退，１％が前期中等教育卒業，１％が後期中等教育卒業であった。本研究の調査が2011年であり，Shorakuの調査とは５年から８年間の差があるものの，1990年代前後の教育の状況を鑑みると飛躍的な変化はないと推測することができる。Shoraku（2007）の研究では，保護者は子どもの教育に対する関心は高いとしているものの，学校参加となると社会階層構造の困難を乗り越えて主体的に関わるほど学校文化や学校運営について理解把握している者はほとんどいないと考えられる。また，日本における学校運営協議会においても保護者，特に女性は，学校関係者の委員に比べると積極性が低く，非活性であることが，そして，比較的年配の男性地域住民の活性が顕著であることが明らかとなっている（仲田 2015）。また女性が協議会に参加したとしても，学校や協議会に内在化されたジェンダー不平等から，女性保護者の立場は周縁化されており，そのことが一層女性の非活性につながっていることが明らかとなっている（同前）。また，日本の学校運営協議会の事例調査をした広瀬（2013）は「学校側と保護者・地域住民の間には学校情報に関する大きな格差が存在する」と述べており，学校運営協議会の中で情報格差があり，学校内部のことについて知らない保護者や地域住民が学校運営に口出しすることができず，逆に学校側にとっても口出しされることが迷惑で紛争の種になりかねないという思惑があることが明らかとなっている。日本とはその社会的・文化的背景も異なることから，安易に比較することはできないが，カンボジアにおいて保護者が学校運営に参加することを拒んでいる理由は，保護者の学歴の低さと社会的立場の低さが影響していると考えられる。そして，その保護者の学歴の低さは，ポル・ポト政権時代に教育が崩壊し，その復興途上で質的量的にも良好であったとはいえない教育環境に起因するのではなかろうか。UNESCO（MoEYS 2000：p. 27）によると，カンボジアの1996年度の準就学率は69.4％（女子66.5％）で，1999年度は62.4％（女子61.5％）となっており，本書が調査対象とする学校の保護者は，この教育の量的質的拡大が急務であった時代に教育を受けた人々である。

これらのことから，カンボジアにおける学校運営における住民参加は，カンボジアに根強い社会階層構造とポル・ポト政権に影響を受けた教育の未整備による保護者の学歴の低さから，さまざまな阻害要因を生み出していると考えられる。逆に言えば，これらの社会的・文化的要因を乗り越えることで本書が提示した促進要因をより一層強め，学校運営における住民参加が可能になるのではないかと考えられる。

2　カンボジアのSBMの効果と課題

本書から得られた学校支援委員会の第一の効果は，学校支援委員会の学校運営における意思決定へ地域住民が参加することにより，児童の退学率が抑制されていることである。高関与グループの相互作用型の学校と地域コミュニティの関わりにおいて，地域コミュニティは学校支援委員会の委員として学校運営に積極的に関与したり，寄付をしたりするなどの物的人的動員がある。一方で，学校側は学校支援委員会を通して，保護者および地域住民に積極的に「教育の重要性」を伝えたり，地域住民の生活環境を学校年次計画に盛り込むなどして学校のアカウンタビリティを高めている。その相互作用が，児童の退学率の抑制という結果として現れている。なお，留年率も低関与グループの学校で高く，退学率と同様の傾向はあるものの，高関与のグループの学校でも留年率が高いなど，例外があったことから，退学率ほど強い関連性があるとは言えない。

第二の効果は，カンボジアの学校支援委員会が「伝統的な参加」を通して寄付金集めに寄与していることである。仏教国であるカンボジアでは徳を積むことを良しとしており，年中行事の他にも寺院を通じて「寄進祭り」などのチャリティ・イベントが開催される。ここで学校修繕や改築のための「寄進祭り」を行うことにより，より多くの地域住民から寄付を得ることができる。これは，SBM が導入されるよりも前からカンボジアにおいて行われてきた宗教的慣習であり，SBM が導入されてからも「伝統的な参加」として以前と同様に実施されている。これに加えて，直接的にもしくは間接的に学校支援委員会を通して児童の保護者から寄付金を募る取り組みも行われている。これにより，PB 以外に学校裁量で使うことができる教育予算の確保が可能となり，教育活動において必要となる教材や文具，机や椅子などの購入や修理に補完することができ，教育環境の改善につながっている。

カンボジアでは，EFA 目標である基礎教育の完全達成は目標年度の2015年において到達することができず，就学率は高まっているものの，退学率や留年率などの内部効率性は高いとは言えない。学校支援委員会が積極的に学校に関与することで，内部効率性を高めることができ，EFA 目標である基礎教育充実の完全達成にも寄与できると考えられる。

一方で，課題も残っている。地域住民が委員として参加している学校支援委員会は，広い意味では学校の「住民参加」と言える。しかし，実際には，地域住民のごく一部の人たちが学校をサポートする役割を担っているに過ぎない。このことは，学校支援委員会の関与が高いからと言って地域住民の関与が高いとは限らないということを意味している。また，学校支援委員会が，必ずしも地域住民を巻き込んでいるとは言えない。真の住民参加は，地域住民と学校の相互作用によって学校へのオーナーシップを高め，学校への関与を高めると同時に，学校側からも地域住民へ開かれたものでならなければならない。カンボジアにおいては，学校と地域住民の信頼の構築ができていないと指摘されているように（Pellini 2008），単に学校支援委員会が関わるだけではなく，学校自体が，保護者および地域住民に対してアカウンタビリティを果たすべく働きかけをしていく必要があるだろう。

また，寄付金集めといった「伝統的な参加」がカンボジアの人たちの宗教的慣習に基づいて長年行われている一方で，「無償」で行う「制度化された参加」は2000年に導入され10数年しか経過しておらず，地域住民の学校支援委員会の委員にとっても，学校関係者にとっても，カンボジアの学校コミュニティに根付いているとは言い難い。Pellini（2008）は，カンボジアで教育の分権化の導入にもかかわらずコミュニティの学校参加がほとんど進んでおらず，SBM が機能していないと述べており，本書においても，地域住民の学校参加において，学校支援委員会の制度に過剰な期待を抱くことはできないことが示唆されている。

資　料

【質問項目】

1．教育行政

問1．学校支援委員会の役割はどのようなものですか？
問2．学校による特徴は何に起因しますか？
問3．学校支援委員会活動を活発にするにはどのようにすれば良いですか？

2．学校支援委員会

問1．学校支援委員会全員について教えてください。
(氏名，年齢，性別，学歴，職業，就学年齢の子どもの有無，学校支援委員会での役割，学校支援委員会になってからの年数，その他の委員会役員の兼務の有無，学校支援委員会になった経緯，会議への参加の頻度)
問2．学校支援委員会は，会議をどのくらいの頻度で行っていますか？　また，学校支援委員会委員の参加の頻度や会議の内容について教えてください。
問3．学校支援委員会の活動で必要となる情報はどのように共有していますか？
問4．学校支援委員会の活動で必要となる技術や知識は享受されていますか？どのように享受されていますか？
問5．学校支援委員会の活動では，金銭的報酬はありますか？　あるとすればどの程度ですか？　また，金銭的報酬以外に何か報酬がありますか？ないとすれば，何のために活動をしていますか？
問6．学校支援委員会の重要な役割は何ですか？
問7．地域コミュニティは，学校にどのような協力をしていますか？
問8．学校支援委員会は学校にとってどのような存在ですか？

文献目録

【欧文文献】

ADB. (2011). *Cambodia : Country poverty analysis 2011*, Philippine.

ADB. (2014). *Cambodia : Country poverty analysis 2014*, Philippine.

Agustina, Cut Dian., Chen, Dandan., Ragatz, Andrew., & Setiawan, Imam. (2009). *Scholarships Programs in Indonesia : Past, Present and Future*, The World Bank.

Arnstein, Sherry R. (1969). A Ladder of Citizen Participation. *Journal of the American Institute of Planners*, 35(4), 216–224.

Ayres, David M. (2000). *Anatomy of a Crisis : Education, Development, and The State in Cambodia, 1953–1998*. University of Hawaii Press.

Beck, L.C., Trombetta, W.L., & Share, S. (1986). Using Focus Group Sessions Before Decisions are Made. *North Carolina Medical Journal*, 47(2), 73–74.

Bernard, J. (1968). Community Disorganization, Sills, David L. (ed.), *International Encyclopedia of the Social Science*, 3, The Macmillan Company and the Free Press.

Blunt, Peter & Turner, Mark. (2005). Decentralisation, Democracy And Development in A Post-Conflict Society : Commune Councils in Cambodia. *Public Administration and Development*, 25(1), 75–87.

Botha, Nico. (2006). Leadership in School-based Management : A Case Study in Selected Schools, *South African Journal of Education*, 26(3), 341–353.

Bray, Mark. (1987). *School Clusters in the Third World : Making Them Work*. Digest 23. UNESCO-UNICEF.

Bray, Mark. (1991). Centralisation Versus Decentralisation in Educatinal Administration : Regional Issues, *Educational Policy*, 5, 371–385.

Bray, Mark. (1999). *The Private Costs of Public Schooling : Household and Community Financing*. Paris : International Institute for Educational Planning/UNESCO.

Bray, Mark. (2001). *Community Partnerships in Education : Dimensions, Variations and Implications*. Paris, UNESCO.

Bray, Mark. (2003). Community Initiatives in Education : Goals, Dimensions and Linkages With Governments. *Compare*, 33(1), 31–45.

Bray, Mark. & M. V. Mukundan. (2003). Management and Governance for EFA : Is Decentralisation Really the Answer?. *Comparative Education Research Centre, Faculty of Education*, University of Hong Kong.
(http://portal.unesco. org/education/en/ev. php-URL_ID, 25755.) (2016/11/30確認)

Briggs, Kerri L. & Wohlstetter, Priscilla. (2003). Key Elements of a Successful School-based Management Strategy. *School Effectiveness and School Improvement*, 14(3), 351–372.

Caldwell, Brian John. (1998). Strategic Leadership, Resource Management and Effective School Reform, *Journal of Educational Administration*, 36(5), 445–461.

Caldwell, Brian John. (2005). School-based Management (SBM) : Does It Improve Quality. *EFA Global Monitoring Report.*

Caldwell, Brian John. (2006). Reforms in Philippine Basic Education Viewed From Key Elements of Successful School-Based Management (SBM) Schools. *Educational Research for Policy and Practice*, 5(1), 55–71.

Candoli, I. Carl. (1995). *Site-Based Management in Education : How to Make It Work in Your School*. Lancaster : Technomic Publishing Co.

Chandler, David P. (1998). *A History of Cambodia*. Boulder, CO : Westview Press.

Chandler, David., Owen, Norman G., Roff, William R., Steinberg, David Joel., Taylor, Jean. Gelman., Taylor, Robert H., Woodside, Alexander., & Wyatt, David K. (2005). *The Emergence of Modern Southeast Asia : A New History*. Honolulu, University of Hawaii Press.

Chapman, David W. (1998). The management and administration of education across Asia: changing challenges. *International Journal of Educational Research*, 29(7), 603–626.

Chapman, David., Barcikowski, Elizabeth., Sowah, Michael., Gyamera, Emma., & Woode, George. (2002). Do Communities Know Best? Testing a Premise of Educational Decentralization : Community Members' Perceptions of Their Local Schools in Ghana. *International Journal of Educational Development*, 22(2), 181–189.

Cheema, Shabbir G. & Rondinelli, Dennis A. (1983). *Decentralization And Development : Policy Implementation in Developing Countries*. Sage Publications.

Clayton, Thomas. (1995). Restriction or Resistance? Educational Development in

French Colonial Cambodia, *Educational Policy Analysis Archives*, 3(19), 1-12.

Daun, Holger (ed.). (2007). *School Decentralization in the Context of Globalizing Governance*, International Comparison of Grassroots Ronses.

Deighton, Lee C. (1971). Cambodia. *The Encyclopedia of Education*, 1, 578-584.

De Jong, Romina., Theavy, Gordon.,& Conochie, Gordon. (2013). *Primary School Budgets in Cambodia : a Public Expenditure Tracking Survey*, NGO Education Partnership (NEP).

Dy, Sideth S. (2004). Strategies and Policies for Basic Education in Cambodia : Historical Perspectives. *International Education Journal*, 5(1), 90-97.

Evans, Anne. & Manning, Nick. (2004). *Administrative Decentralization : A Review of Staffing Practices in Eight Countries*, Unpublished paper prepared for the World Bank.

Fata, No. & Kreng, Heng. (2015). *School Accountability-Community Participation in Performance of Primary and Lower Secondary Schools in Cambodia*, NGO Education Partnership.

Gertler, Paul J., Patrinos, Harry Anthony., & Rubio-Codina, Marta. (2012). Empowering Parents to Improve Education : Evidence from Rural Mexico. *Journal of Development Economics*, 99(1), 68-79.

Grauwe, Anton De. (2004). School-Based Management (SBM) : Does It Improve Quality?. Background paper prepared for *the Education for All Global Monitoring Report 2005 The Quality Imperative*. UNESCO, Paris.

de Guzman, Allan B. (2006). Reforms in Philippine Basic Education Viewed from Key Elements of Successful School-Based Management (SBM) Schools, *Educational Research for Policy and Practice*, 5 : 55-71.

Kambayashi, Shunsuke. (2008). *What Promotes Community Participation in School Management? A Case Study from Siem Reap province, Cambodia*, Master Thesis of Department of International Development, Graduate School of International Development, Nagoya University. Unpublished.

Lawler, Edward E. III. (1986). *High-Involvement Management. Participative Strategies for Improving Organizational Performance*. Jossey-Bass Inc.

Leithwood, Kenneth. & Menzies, Teresa. (1998). Forms and Effects of School-Based

Mangement : A Review, *Educational Policy*, 12(3), 325–346.

Lugaz, Candy. & Grauwe, Anton de. (2010). *Renforcer le partenariat école-communauté. Bénin, Niger et Sénégal*, IIPE, UNESCO.

Malen, Betty., Ogawa, Rodney T., & Kranqdz, Jennifer. (1990). What Do We Know about Site Based Management. In Witte, John F., Clune, William H. (eds.). *Choice and Control in American Education*. London : Falmer Press. 289–342.

Malifimbo, Michael Samwel. (2015). *The Role of School Committees in Promoting Completion Rate of Primary Education in Temeke District*. A Dissertation in University of Tanzania.
(http://repository.out.ac.tz/1309/) (2016/11/30確認)

Manor, James. (1999). *The Political Economy of Democratic Decentralization*. Washington, D.C., The World Bank.

McGinn, Noel. & Welsh, Thomas. (1999). *Decentralization of Education : Why, When, What and How?* UNESCO, IIEP, Paris.

MoEYS, National EFA 2000 Assessment Group. (2000). *Education for All 2000 Assessment : Country Report : Cambodia*. Bangkok, UNESCO PROAP.

MoEYS. (2001). *Education Strategic Plan 2001–2005*. Phnom Penh, the Royal Government of Cambodia.

MoEYS. (2004). *Policy for Curriculum Development 2005–2009*. Phnom Penh, the Royal Government of Cambodia.

MoEYS. (2006). *Education Strategic Plan 2006–2010*. Phnom Penh, the Royal Government of Cambodia.

MoEYS. (2008). *Education Statistics & Indicators 2007–2008*. Phnom Penh, the Royal Government of Cambodia.

MoEYS. (2009a). *Education Statistics & Indicators 2008–2009*. Phnom Penh, the Royal Government of Cambodia.

MoEYS. (2009b). *Education Strategic Plan 2009–2013*. Phnom Penh, the Royal Government of Cambodia.

MoEYS. (2010). *Education Statistics & Indicators 2009–2010*. Phnom Penh, the Royal Government of Cambodia.

MoEYS. (2011). *Education Statistics & Indicators 2010–2011*. Phnom Penh, the Royal

Government of Cambodia.

MoEYS. (2012a). *Education Statistics & Indicators 2011–2012.* Phnom Penh, the Royal Government of Cambodia.

MoEYS. (2012b). *Guideline on the Establishment and Functioning of Primary School Support Committee.* Phnom Penh, the Royal Government of Cambodia.

MoEYS. (2013). *Education Statistics & Indicators 2012–2013.* Phnom Penh, the Royal Government of Cambodia.

MoEYS. (2014a). *Education Statistics & Indicators 2013–2014.* Phnom Penh, the Royal Government of Cambodia.

MoEYS. (2014b). *Education Strategic Plan 2014–2018.* Phnom Penh, the Royal Government of Cambodia.

MoEYS. (2015). *Education Statistics & Indicators 2014–2015.* Phnom Penh, the Royal Government of Cambodia.

MoEYS. (2016). *Education Statistics & Indicators 2015–2016.* Phnom Penh, the Royal Government of Cambodia.

Murnane, Richard., Willet, John B., & Cardenas, Sergio. (2006). *Did Participation of Schools in Programa Escuelas de Calidad (PEC) Influence Student Outcomes?* Harvard University Graduate School of Education.

Murphy, Joseph. (1994). *Principles of School-Based Management.* North Carolina Educational Policy Research Center.

Murphy, Joseph. & Beck, Lynn G. (1995). *School-Based Management as School Reform Taking Stock.* Corwin Press, Inc., 2455 Teller Road, Thousand Oaks.

National EFA 2000 Assessment Group. & Ministry of Education, Youth and Sport. (2000). *Education for All 2000 Assessment Country Report Cambodia.* Bangkok. UNESCO PROAP.

Nguon, Sokcheng. (2011). Community Involvement in Primary School Governance in Cambodia : School Support Committees. *Bulletin of the Graduate School of Education, Hiroshima University,* Part Ⅲ, No. 60, 119–128.

Nguon, Sokcheng. (2013). *Community Involvement in Primary School Governance in Cambodia : The role of School Support Committees.* Doctorial Dissertation of Hiroshima University.

O'Leary, Moira. & Nee, Meas. (2001). *Learning for Transformation : A Study of The Relationship Between Culture, Values, Experience and Development Practice in Cambodia.* Battambang, Cambodia : Krom Akphiwat Phum.

Pak, Kimchoeun. (2006). The Priority Action Programme in Primary Education in Cambodia, *Cambodia Development Review*, Volume10, Issue1. (https://www.cdri.org.kh/webdata/cdr/2006/cdr06-1.pdf) (2016/11/30確認)

Pellini, Arnald. (2005). Decentralisation of Education in Cambodia : Searching for Spaces of Participation Between Traditions and Modernity. *Compare : A Journal of Comparative and International Education*, 35(2), 205–216.

Pellini, Arnald. (2008). *The Complexity of Decentralisation Reforms.* Tampere University Press.

Pellini, Arnaldo. & Bredenberg, Kurt. (2015). Basic Education Clusters in Cambodia : Looking at The Future while Learning from The Past. *Development in Practice*, 25(3), 419–432.

Pradhan, Menno., Suryadarma, Daniel., Beatty, Amanda., Wong, Maisy., Gaduh, Arya., Alisjahbana, Armida., & Artha, Rima P. (2013). Improving Educational Quality Through Enhancing Community Participation : Results From A Randomized Field Experiment in Indonesia. *American Economic Journal : Applied Economics*, 6(2), 105–126.

Romeo, Leonardo G. (2003). The Role of External Assistance in Supporting Decentralisation Reform. *Public Administration and Development*, 23, 89–96.

Rondinelli, Dennis A., Nellis, J., and Cheema, G. Shabbir. (1983). *Decentralization in Developing Countries : A Review of Recent Experience, Working Paper 581*, Washington, DC.

Rondinelli, Dennis A. (1998). What is decentralization?. In J.Litvack, and J.Seddon. (ed.), *Decentralization Briefing Notes. WBI Working paper*, Washington, D.C., The World Bank.

Rose, Pauline. (2003). Community Partticipation in School Policy and Practice in Malawi : Balancing Local Knowledge, National Policies and International Agency Priorities, *Compare*, 33(1), 47–64.

Royal Government of Cambodia. (2007). *Education Law (NS/RKM/1207/032)*,

Phnom Penh.

Royal Government of Cambodia. (2010). *National Policy on Early Childhood Care and Development*, Phnom Penh.

Royal Government of Cambodia. (2014). *The National Education For All 2015 Review Report Cambodia*. UNESCO. (http://unesdoc.unesco.org/images/0022/002297/229713e.pdf) (2016/10/30確認)

Rusten, Caroline., Sedara, Kim., Netra, Eng., & Pak, Kimchoeun. (2004). *The Challenges of Decentralisation Design in Cambodia* (No. 1). Phnom Penh : Cambodia Development Resource Institute. (http://www.cdri.org.kh/webdata/pordec/decendesign.pdf#search='the challenges of the decentralisation design in cambodia'/) (2016/10/30確認)

Shaeffer, Sheldon. (eds.). (1994). *Partnerships and Participation in Basic Education : A Series of Training Modules and Case Study Abstracts for Educational Planners and Mangers*. Paris : UNESCO, International Institute for Educational Planning.

Shoraku, Ai. (2007). *Community Participation in Education : Parental Participation in Primary Schools in Cambodia*, Doctoral Dissertation of the Graduate School of International Cooperation Studies, Kobe University. Unpublished.

Shoraku, Ai. (2009). *Educational Movement Toward School-Based Management in East Asia : Cambodia, Indonesia and Thailand*. Background paper prepared for the Education for All Global Monitoring Report 2009. Paris : UNESCO.

State of Cambodia. (1991). *National Conference on Education for All Final Report*, Phnom Penh : SOC, pp. 2–6.

Thida, Kheang. & Joy, Luz Caroline. (2012). *Exploring the Implementation of School-Based Management in Selected Public Schools in Cambodia : A Multiple Case Study*, The Asian Conference on Education 2012 Official Conference Proceedings. (http://iafor.org/archives/offprints/ace2012-offprints/ACE2012_0523.pdf) (2016/11/30確認)

Turner, Mark. (2002). *Decentralization Facilitation : A Study of Decentralization in Cambodia with Specific Reference to Education*. Phnom Penh : Education Quality Improvement Project (EQIP), Ministry of Education, Youth & Sport.

Turner, Mark. & Hulme, David. (1997). *Governance, Administration & Development*.

Making the State Work, Houndsmills : Macmillan Press.

UNESCO. (1991). *Micro-Level Educational Planning and Management Handbook*, PROAP, Bangkok.

UNESCO. (2003). *EFA Global Monitoring Report 2003 –Gender and Education for all*, Paris.

UNESCO. (2007a). *Educational Governance at the Local Level*, Paris.

UNESCO. (2007b). EFA Global Monitoring Report 2008 Education for All: will we make it ?. Paris.

UNESCO. (2015a). EFA Global Monitoring Report 2015 Education for All 2000–2015 : achievements and challenges. Paris.

Weiler, Hans N. (1990). Comparative Perspectives on Educational Decentralization : An Exercise in Contradiction?. *Educational Evaluation and Policy Analysis*, 12(4), 433–448.

Williams, James H., Kitamura, Yuto., & Keng, C. Sopcheak. (2016). Higher Education in Cambodia. *The Political Economy of Schooling in Cambodia*. Palgrave Macmillan US. 167–186.

Wohlstetter, Priscilla. & Mohrman, Susan Albers. (1993). *School-Based Management : Strategies for Success*, Consortium for Policy Research in Education, New Brunswick, NJ.

Wohlstetter, Priscilla., Smyer, Roxane., & Mohrman, Susan Albers. (1994). New Boundaries for School-Based Management : The High Involvement Model. *Educational Evaluation and Policy Analysis*, 16(3), 268–286.

Wohlstetter, Priscilla. & Mohrman, Susan Albers. (1996). *Assessment of School-Based Management, Studies of Education Reform*. (http://files.eric.ed.gov/fulltext/ED397530.pdf) (2016/11/30確認)

Wolf, J., Kane, E., & Strickland, B. (1997). *Planning for Community Participation in Education*. Washington, D.C., Office of Sustainable Development, Bureau for Africa, USAID.

World Bank. (2005). *Cambodia Quality Basic Education for All*. Washington, D.C., The World Bank.

World Bank. (2007a). *What is School-Based Management?* Washington, D.C., The

World Bank.

World Bank. (2007b). *Impact Evaluation for School-Based Management Reform*, Washington, D.C., The World Bank.

【日本語文献】

Phin, Chankea（2013）「カンボジアにおける教育制度の歴史的変遷の考察―パリ和平協定以前の教育制度に見る社会的特性―」『教育学論集』第9集，筑波大学大学院人間総合化学研究科，177-197頁。

UNESCO（2007c）『EFA グローバルモニタリングレポート2008―「すべての人に教育を」2015年までに達成できるか―』パリ。

UNESCO（2015b）『EFA グローバルモニタリングレポート2015―すべての人に教育を2000―2015成果と課題―』パリ。

アジア開発銀行・香港大学比較教育研究センター編，山内乾史監訳（2006）『発展途上国アジアの学校と教育―効果的な学校をめざして―』学文社。

荒井文昭（1995）「分権化のなかの学校選択と教育参加―ニュージーランドにおける教育改革の動向―」『人文学報．教育学』No. 30，133-167頁。

ヴォーン，S.・シューム，J.S.・シナグブ，J.／井下理他訳（1999）『グループ・インタビューの技法』慶應義塾大学出版会。

江田英里香（2006a）「初等教育の学校参加をめぐる地域住民の意識に関する一考察―カンボジアのカンダール州を事例に―」『NGO 活動教育研究センター』第4巻（1），31-44頁。

江田英里香（2006b）「コミュニティの初等学校参加の現状と課題―カンボジアのカンダル州チェッティエル区を事例に―」『八洲学園大学紀要』第2号，11-23頁。

江原裕美（2001）「開発と教育の歴史と課題」『開発と教育―国際協力と子どもたちの未来―』新評論，35-100頁。

遠藤恵（2001）「開発途上国における保護者の教育への関心を高める方向性についての一考察―カンボディアでのクラスター・スクール事業と，NGO による Integrated Pest Management（IPM）の効果的融合による将来的可能性―」『国際協力研究誌』第7号（2），29-46頁。

岡島克樹（2005）「カンボジアの地方行政システム―その変遷と現状―」『大谷女子大学紀要』第39号，81-105頁。

小川啓一・江連誠・山内乾史（2008）「ダカール会合以降の国際的な基礎教育支援の動向」『途上国における基礎教育支援（上）―国際的潮流と日本の援助―』小川啓一・西村幹子編著，学文社，25-45頁。

葛西耕介（2012）「イギリスの学校経営における学校理事会の機能と役割」『東京大学大学院教育学研究科紀要』51巻，397-407頁。

勝野正章（2004）「現代イギリスにおける教育政策と教育政策研究―教育政策研究の立場から―」『日本教育政策学会年報』（11），72-78頁。

川喜田二郎（1997）『続発想法』中央公論社。

北川香子（1996）「歴史的背景」『もっと知りたいカンボジア』綾部恒雄・石井米雄編，弘文堂，23-33頁。

北川香子（2004）「コムポン・チャーム理事管区における公教育制度の導入―理事官府定期報告書より―」『東南アジア―歴史と文化―』第33号，59-80頁。

吉良直（2001）「学校主導の米国公教育改革―アカウンタビリティと公共性の視点から―」『国際経営・文化研究』第５号（１），33-50頁。

黒田一雄（2014）「教育セクターの国際的潮流と国際機関の取り組み」JBIC 教育ネットワーク研究会―国際教育開発連続講座　第１回―資料。
(http://home.hiroshima-u.ac.jp/cice/wp-content/uploads/2014/03/3-3.pdf)（2016年11月30日確認）

コロク・ビチェット・ラタ，西野節男（2009）「カンボジアにおける教員養成制度の現状と改革の歩み」西野節男編著『現代カンボジア教育の諸相』東洋大学アジア文化研究所・アジア地域研究センター，35-86頁。

斎藤健介（2013）「セネガルにおける住民参加型学校運営に関する研究―地域住民の意識と行動の違いに着目して―」『比較教育学研究』第46号，80-101頁。

坂梨由紀子（2004）「カンボジアの社会経済構造変動期におけるキャリア志向と教育―プノンペン市の社会経済的民族的環境が志向におよぼす影響―」天川直子編『カンボジア新時代』アジア経済研究所，３-47頁。

笹岡雄一・西村幹子（2007）「低所得国における教育の地方分権化―初等教育普遍化（UPE）政策との矛盾―」『国際開発研究』第16巻第２号，21-33頁。

渋谷英章・古川和人（2006）「タンザニアの義務教育における意思決定と費用負担―コミュニティの参加を中心に―」『比較教育学研究第33号』比較教育学会，61-72頁。

清水和樹（1997）『カンボジア・村の子どもと開発僧―住民参加による学校再建報告

―』社会評論社。
清水和樹（2003）「コミュニティ，援助団体，政府間の協力体制に基づく小学校建設プロジェクト：カンボジアを事例として」名古屋大学大学院国際開発研究科提出博士論文。
正楽藍（2005）「学校運営における学校と保護者の連携―カンボジアの初等教育学校を例として―」『アジア教育研究 報告』第5号，15-29頁。
正楽藍（2008a）「カンボジアにおける保護者の教育参加―ローカルコンテクストによる“参加”の意味と意義―」『アジア教育研究 報告』第8号，36-50頁。
正楽藍（2008b）「カンボジアにおける学校教育へのコミュニティ参加―コンポンチナン州の小学校における保護者の参加を中心として―」『比較教育学研究』第36号，3-21頁。
高橋宏明（1997）「1920―1930年代のカンボジアにおける社会変容―近代教育制度の導入と新しい官僚の誕生を中心に―」『東南アジア史学会会報』第67号，7-8頁。
高橋宏明（2000）「カンボジアの教育の歴史―文化的・社会的背景を中心に―」『カンボジアの教育協力―初等教育を中心に―』教育と開発リサーチペーパー No. 1，（社）シャンティ国際ボランティア会，3-6頁。
高橋望（2007）「1980年代ニュージーランドにおける教育行政制度の再編―教育委員会制度の廃止に着目して―」『比較教育学研究』第34号，44-64頁。
田村徳子（2012）「グアテマラにおけるコミュニティ運営学校の展開と終焉の制度的要因」『比較教育学研究』第44号，24-44頁。
利根川佳子・正楽藍（2016）「学校を基盤とする学校経営（School-based Management）への対応―カンボジアの学校支援委員会（School Support Committee）を事例として―」『アジア太平洋討究』No. 27，179-193頁。
仲田康一（2015）『コミュニティ・スクールのポリティクス―学校運営協議会における保護者の位置―』勁草書房。
中留武昭（2003）「アメリカにおける『自立的な学校経営（School-Based Management）』の制度論的考察」『教育経営学研究紀要』第6号，1-20頁。
中村浩子（2012）「ニュージーランドの学校経営における格差と多様性―市場と自立性に着目して―」『比較教育学研究』第44号，45-66頁。
西野節夫編著（2009）『現代カンボジア教育の諸相』東洋大学アジア文化研究所・アジア地域研究センター。

羽谷沙織（2006）「カンボジアにおける教育開発―プロジェクトをめぐるすみわけと援助協調のポリティックス―」『教育論叢』第49号，名古屋大学大学院教育発達科学科教育科学専攻，1-18頁。

羽谷沙織（2009）「カンボジアの教育制度」西野節男編著『現代カンボジア教育の諸相』東洋大学アジア文化研究所・アジア地域研究センター，3-26頁。

平山雄大（2011）「カンボジアにおける初等教育開発の歴史的展開①―学校教育の導入と拡大（1958年以前）―」『早稲田大学大学院教育学研究科紀要　別冊』第19号（1），215-226頁。

平山雄大（2012）「カンボジアにおける初等教育開発の歴史的展開②―学校教育の発展と崩壊（1958年から1979年）―」『早稲田大学大学院教育学研究科紀要　別冊』第19号（1），221-232頁。

平山雄大（2014）「カンボジアにおける初等教育開発の歴史的展開③―学校教育の復興（1979年から1993年）―」『早稲田大学　教育・総合化学学術員　学術研究（人文科学・社会科学編）』第62号，135-146頁。

広瀬隆雄（2013）「コミュニティ・スクールの現状と課題について―学校運営協議会の役割を中心に―」『桜美林論考　心理・教育学研究』第3号，17-35頁。

福本みちよ（1997）「ニュージーランドにおける学校理事会に関する考察」『比較教育学研究』第23号，49-64頁。

宝来敬章（2007）「アメリカにおけるチャータースクール研究の諸課題」『教育論叢』第50号，名古屋大学大学院教育発達科学研究科，65-73頁。

前田美子（2003）「カンボジア―負の遺産を背負う教師たち―」『途上国の教員教育―国際協力の現場からの報告―』国際協力出版会，30-64頁。

メリアム，シャランB.／堀薫夫・久保真人・成島美弥訳（2004）『質的調査法入門―教育における調査法とケース・スタディ―』ミネルヴァ書房。

柳原信彦（2001）「米国School-Based Managementにおける教育行政機関の役割に関する一考察」『教育学研究集録』第25集，55-65頁。

山田肖子（2011）「『住民参加』を決定づける社会要因―エチオピア国オロミア州における住民の教育関与の伝統と学校運営委員会―」『国際開発研究』第20巻第20号，107-124頁

吉村春美・木村充・中原淳（2014）「校長のリーダーシップが自律的学校経営に与える影響過程―ソーシャル・キャピタルの媒介効果に着目して―」『日本教育経営学会

紀要』第56号，52–67頁。
ワライポーン・サンナパボウォン（2006）「タイにおける教育行政の権限委譲―基礎教育における意思決定と経費負担―」『比較教育学研究』第33号，45–60頁。

【クメール語資料】

Ministry of Education, Youth and Sport. (2009). *Tomnak Tomnong Roveang Salarien Neng Sahakkom*［*The Relationship between school and community*］教員研修資料, Unpublished,（2011年８月入手）.

【ウェブサイト】

Hello Cambodia（https://hellocambodia.wordpress.com/about/maps/provincial-maps/）（2016年11月30日確認）
Open Development Cambodia（https://opendevelopmentcambodia.net/）（2016年11月30日確認）
外務省
・「世界人権宣言第26条」（http://www.mofa.go.jp/mofaj/gaiko/udhr/1b_001.html）（2016年11月30日確認）
・「万人のための教育」（http://www.mofa.go.jp/mofaj/gaiko/oda/bunya/education/）（2016年11月30日確認）
・「ミレニアム開発目標」（http://www.mofa.go.jp/mofaj/gaiko/oda/doukou/mdgs.html）（2016年11月30日確認）
・「経済的・社会的及び文化的権利に関する国際規約」（http://www.mofa.go.jp/mofaj/gaiko/kiyaku/2b_004.html）（2016年11月30日確認）
・「仁川（インチョン）宣言」（http://www.mext.go.jp/unesco/002/006/001/shiryo/attach/1360521.htm）（2016年12月15日確認）
・持続可能な開発のための2030アジェンダ（http://www.mofa.go.jp/mofaj/gaiko/oda/files/000101402.pdf）（2016年11月30日確認）
国際連合「カンボジア地図」（http://www.un.org/Depts/Cartographic/map/profile/cambodia.pdf）（2016年11月30日確認）
清水和樹（2007）「SWAp による教育セクター改革の成果と課題，及び政治的影響の考察：カンボジアを事例として」GRIPS Development Forum 寄稿論文（http://www.

grips.ac.jp/forum/pdf07/shimizuMar07.pdf）（2016年11月30日確認）
総務省統計局
・「Index Map 1-2, Provinces and Districts in Cambodia」（http://www.stat.go.jp/info/meetings/cambodia/pdf/00dis_13.pdf）（2016年11月30日確認）
日本ユネスコ協会連盟（http://www.unesco.or.jp/terakoya/news/2015/8361530102106.html）（2016年12月15日確認）
三輪千明（2014）「『カンボジア』カンボジアの幼児教育―途上国農村部におけるアクセス拡大の方法と課題」（http://www.blog.crn.or.jp/lab/01/56.html#8）（2016年11月30日確認）

おわりに

本書は，神戸大学大学院国際協力研究科学位論文（論文博士），「学校運営における住民参加の阻害・促進要因―カンボジア王国カンダール州の小学校における学校支援委員会から―」（2016年度）を修正し公刊したものです。

カンボジアの地に初めて降り立ったのは2001年のことで，それ以来（特別非営利活動法人）NGO 活動教育研究センターのカンボジア事務所設立，ノンフォーマル教育プロジェクトの立案・運営，スタディツアーの引率などを通してカンボジアと関わってきました。ノンフォーマル教育として実施していた移動図書館の活動を通して，村の人たちや子どもの保護者がほとんど学校とかかわりを持っていないということを知り，カンボジア王国の教育ユース・スポーツ省の政策がどこまで村の人たちに届いているのだろうかと疑問に思ったことが，本書の研究を進めるきっかけとなりました。

フランス植民地以降のカンボジアは，政治的な対立や内戦，ポルポトによる大量虐殺など負の歴史を抱えてきました。本書で指摘したカンボジア特有の社会階層や信頼の欠如などは，同じ文化圏の近隣諸国と比較しても非常に顕著で，カンボジアの負の歴史がどれほど多くの国民の心を傷つけてきたかを物語っています。しかし，そのようななかでも，カンボジアの人たちは自分たちなりの生活を営み，伝統や文化を守ってきました。その結果，2019年現在のカンボジアは飛躍的な経済発展を遂げ，特にプノンペン特別市においてはたくさんのビルや商業施設，コンドミニアムが立ち並び，2001年当時の面影を見つけるのはとても困難となっています。物価も上昇し，ライフスタイルも変化しつつあります。一方で農村部に大きな変化は見られず，格差拡大も懸念されます。だからこそ，SDGs の目指す「誰一人取り残さない」理念に基づいた政策は，カンボジアのこれからを担う若い人たちの教育にこそ届けなければいけないと考えています。一人でも多くの子どもたちが少なくとも基礎教育を終了できるように政策レベルで，州や区，学校，コミュニティ，家庭レベルで取り組んでいく必要があります。

本書をまとめるにあたり，たくさんの方々にお世話になりました。これらの方々の協力なしには，本書を完成することができませんでした。この場をお借りしてお礼を申し上げたいと思います。

山内乾史先生には，博士課程前期後期を通して副指導教官として，また本書のもととなる博士論文の執筆においては指導教官として常に暖かい励ましと根気強いご指導をいただき研究を完成させることができました。ここに感謝申し上げます。博士課程前期課程から博士課程後期課程を満期退学するまでご指導をいただきました川嶋太津夫先生，本研究の副査としてそれぞれ専門のお立場から細かなご指導とご助言をいただきました小川啓一先生，近田政博先生にも，深く感謝申し上げます。

大学時代の指導教官の前林清和先生には，NGO 活動教育研究センターのカンボジア事務所立ち上げというカンボジアでの活動のスタートを提供していただき，私にカンボジアの教育についての研究を始めるきっかけを与えてくださいました。深くお礼を申し上げます。

カンボジアでの調査にご協力いただいた教育・ユーススポーツ省，カンダール州，学校関係者の方々，調査後の翻訳などでサポートをしてくださった方々をはじめカンボジアの皆様に感謝申し上げます。

神戸学院大学現代社会研究叢書として本書を発行する機会を提供していただいた現代社会学部の教職員の方々には心より深く感謝を申し上げます。また，出版に際して，細やかなサポートをいただいたミネルヴァ書房の堺由美子さんに心よりお礼申し上げます。

お世話になったすべての方々のお名前を記すことはできませんが，多くの方々のご指導，ご助言，お力添えをいただきましたことをこの場をお借りして深く感謝申し上げます。

最後に，長く支えてきてくれた両親と兄弟にも感謝いたします。そして，愛する夫（信之）と愛おしい子どもたち（信一朗，えみり，あかり，信人）の身体的・精神的なサポートがなくては，本書は完成しませんでした。妻として母として研究者として心から感謝しています。

日本に暮らすわが子を含めた子どもたちだけでなく，世界中のすべての子どもたちが十分な教育を受けることができるようになることを願いつつ，まずは本書がカンボジアの教育の充実に向けて一翼を担うことができたら幸いです。

2018年2月

著　者　江田英里香

索　引

あ 行

アカウンタビリティ　197, 204
意思決定　119
インチョン宣言　16
エンパワーメント　34, 91
オーナーシップ　186, 203

か 行

開発　6
開発アプローチ　5, 6, 9
学校委員会　28, 35, 37
学校運営　24, 26, 27, 30, 33, 34, 36, 85, 88
学校運営委員会　35, 36
学校運営協議会　24, 26
学校運営協議会制度　26
学校クラスター　71
学校参加　87, 91, 199, 201
学校支援委員会　ii, 1–4, 75–78, 80, 85–88, 90, 95, 96, 137, 156, 185, 188, 190, 191, 193–195, 200
学校評議員　26, 37
学校評議員制度　26
学校評議会　37–39
学校理事会　24, 25, 27
カリキュラム　59
基礎教育　66
寄付金　146
教育開発　5
教育の地方分権化　23, 24, 29
教育の分権化　24, 29
クメール・ルージュ　46, 47
クラスター　71, 72
グローバル・シチズンシップ教育　7, 19
高関与マネジメント　39
高関与モデル　39, 95, 100, 194
校長　32, 34, 38–40, 186, 192
国際援助　65
国際機関　65
コミュニティ　50, 68, 79–83, 85–88, 204

さ 行

参加　83, 84, 86, 91
寺院学校　43
寺院教育　42
ジェンダー格差　62
持続可能な開発　19
持続可能な開発のための教育　19, 39
持続可能な開発目標（SDGs）　18, 19
社会階層構造　200–202
就学率　37, 38, 56, 60–62, 64, 92
住民参加　36, 37, 43, 86, 87, 137, 193, 203
修了率　61, 62
自律的学校経営（SBM: School Based Management）　i, ii, 1–3, 25, 29–36, 38, 71, 85, 87–89, 93, 100, 185–188, 193, 196, 204
人権　6
人権アプローチ　5, 9
制度化された参加　86, 90, 91, 200
世界教育フォーラム　10, 16

た 行

退学率　36–38, 56–59, 92, 133, 134
ダカール行動枠組み　14, 15, 62
地域コミュニティ　60, 86, 91, 96, 186, 194, 196
地域住民　87–89, 91, 190, 192, 195, 199, 201, 203
チャータースクール　24, 25
伝統的な参加　87, 90, 197, 200, 203, 204

な 行

内部効率性　38, 61, 134

は 行

パートナーシップ　34
半構造化（semistructured）インタビュー　97

万人のための教育（EFA: Education For All）
ii, 3, 7, 9–12, 14–16, 48, 53, 66, 68, 85, 203
万人のための教育世界会議　9, 16, 48, 64
仏教寺院　41
分権化　i, 2, 19–24, 29, 31, 66, 70, 71, 85
ベーシック・ヒューマン・ニーズ（BHN）　5
保護者　88, 89
保護者会　35

ま　行

ミレニアム開発目標（MDGs）　13–15, 18
ムスリム　111, 193, 194
モチベーション　187, 188

ら　行

リーダーシップ　38, 40, 88, 89, 91, 186, 192, 193
留年率　36, 56, 57, 59, 64, 92, 133, 134

欧　文

NGO　50, 60, 65, 73, 75, 80, 88, 113
PAP　73–75, 88
PB　73–75, 78
PRONADE　35

人　名

シハヌーク，N.　44, 45
ポル・ポト　46, 47, 86, 93, 199, 200, 202
Arnstein, D.M.　84
Bray, M.　21, 71, 73, 81, 85–87
Caldwell, B.J.　29, 30
Lawler, E.　39, 100
Manor, J.　22
Rondinelli, D.A.　20
Shaeffer, S.　84–87
Wohlstetter, P.　100

〈著者紹介〉

江田英里香（えだ　えりか）

2001年　神戸学院大学人文学部卒業。

2003年　神戸大学大学院国際協力研究科修了修士（学術）。

2012年　神戸大学大学院国際協力研究科，単位取得退学。

2017年　博士（学術）取得。

2006年より八洲学園大学生涯学習学部家庭教育課程専任講師，2014年より神戸学院大学現代社会学部社会防災学科専任講師，2018年より同大学准教授。

社会活動：特定非営利活動法人 NGO 活動教育研究センター常任理事，カンボジアのノンフォーマル教育支援事業に携わる。

神戸学院大学現代社会研究叢書③

カンボジアの学校運営における住民参加

2019年３月20日　初版第１刷発行　〈検印省略〉

定価はカバーに
表示しています

著　者　江　田　英里香

発行者　杉　田　啓　三

印刷者　藤　森　英　夫

発行所　株式会社　ミネルヴァ書房

607-8494 京都市山科区日ノ岡堤谷町１

電話代表　(075)581-5191

振替口座　01020-0-8076

亜細亜印刷・新生製本

ISBN978-4-623-08504-0

Printed in Japan